맥베스

Macbeth

윌리엄 셰익스피어

다락원　WILEY
Publishers Since 1807

세계의 교양을 읽는다

고전을 왜 읽는가?

인간의 삶과 세상에 대한 영원한 물음이 있기 때문이다. 시대와 사상을 뛰어넘어 지금 여기 우리에게 필요한 물음이 없는 고전은 더이상 고전이 아니다. 인간과 삶에 대한 근원적인 물음 없이 고전을 읽는다면 자신과 인간에 대한 성찰과 지혜로 이어지지 않는다. 논술 시험 때문에, 과제물 때문에, 아니면 남들이 읽으니까, 나도 읽는다는 식이라면 그 책은 죽은 책일 수밖에 없다.

고전을 살아 있는 책으로 만드는 이 '물음!'에 답하기 위해서는 좋은 길잡이가 필요하다. 40년 이상 미국의 고교생과 대학 주니어들이 시험, 에세이 작성, 심층토론 준비를 위해 바이블처럼 애용해온 'CliffsNotes'와 'SPARKNOTES'는 바로 그런 좋은 길잡이의 표본이다. 이 두 시리즈가 원조 논술연구모임인 '일이관지(一以貫之)' 팀의 촌철살인적 해설을 곁들여 〈다락원 명작노트〉로 재탄생해 논술로 고민중인 대한민국 학생 여러분을 찾아간다.

CliffsNotes와 SPARKNOTES의 가장 큰 장점은 방대하고 난해한 고전을 Chapter별로 요약하고 분석해서 원전의 내용에 보다 쉽고 체계적으로 접근하는 신속·간편성이라고 할 수 있다. 여기에 '一以貫之'팀이 원전의 중요한 문제의식, 즉 근원적 '물음'은 무엇이며, 그 '물음'은 오늘날에도 여전히 유효한가, 라는 질문을 다시 던진다.

대입논술로 고민하고, 자칭 타칭의 고전이 넘쳐나는 오늘의 독서풍토에서 지적 정복이 긴박한 대한민국 학생들에게 감히 이 시리즈를 자신 있게 권한다.

一以貫之 논술연구모임 연구실장 이호곤

CliffsNotes와 SPARKNOTES는 방대한 원작을 보다 쉽게 이해할 수 있도록 돕는 안내서입니다. 원작 이해를 돕기 위해 작가와 작품에 대한 배경지식, 그리고 매 장마다 간단한 '줄거리'와 '풀어보기'가 실려 있습니다. '줄거리'를 통해서는 원작의 내용을 명쾌하게 파악함으로써 독서의 즐거움을 느낄 수 있을 것입니다. '풀어보기'에는 원작에 담긴 문학적 경향, 등장인물의 심리상태, 시대상, 주제 등을 설명해 놓았습니다. 비판적 글읽기의 바탕이 되는 요소들이죠. 비판적 글읽기는 소설과 비소설 작품을 막론하고 책을 읽을 때 꼭 필요한 자질입니다.

그 밖에도 작품을 좀더 심오하게 분석할 수 있도록 '마무리 노트', 'Review' 등을 마련해 놓아 독자 여러분의 글읽기를 돕고 있습니다.

CliffsNotes에는 특히 관심을 갖고 읽어야 할 필수요소를 강조하기 위해 다음 네 가지 아이콘을 사용하고 있습니다.

작품 속에 내재된 주제를 드러내줍니다.

등장인물의 속내를 알 수 있도록 도와줍니다.

배경, 분위기, 열정, 폭력, 풍자, 상징, 비극, 암시, 불가사의 등의 요소를 밝혀줍니다.

단어와 문구의 미묘한 느낌을 감상할 수 있도록 해줍니다.

* 〈 〉는 장편소설, 중편소설, 논픽션, 시집. " "는 수필집, 단편소설

● 일이관지(一以貫之) 논술노트

권말에는 一以貫之 논술팀에서 작성한 논술 노트가 실려 있습니다. 원작을 우리의 삶과 연계시켜 비판적 사고와 논리적 글쓰기의 방향을 제시합니다.

● 실전 연습문제

논술예제와 기출문제를 통해서는 원작을 바탕으로 출제 가능성이 높은 논점을 함께 숙고해 봅니다.

작가
노트

작가의 생애

　　월리엄 셰익스피어 William Shakespeare의 생애와 이력에 관해서는 사실과 전해지는 이야기, 추론 등을 모아 엮은 책이 수없이 출판되었다. 우리는 이런 자료들을 통해 다소 부족하나마 영국의 으뜸가는 극시인(劇詩人)의 면모를 엿볼 수 있다. 오늘날 학자들이 16세기 작은 시골 마을의 중류 계급 출신인 셰익스피어의 런던 생활에 관해 꽤 많이 알고 있다는 것은 다행스러운 일이며, 그가 37편의 희곡 대부분을 썼다는 것을 증명하기에 충분하다고 할 수 있겠다.

　　월리엄 셰익스피어의 정확한 탄생일은 알려져 있지 않지만, 그의 세례는 1564년 4월 26일 수요일에 있었다. 아버지 존 셰익스피어는 스트랫퍼드어폰에이번에서 무두장이, 장갑 제조업자 겸 곡물상이었으며, 나중에 시장을 지내기도 했다. 어머니 메리는 부농(富農)의 딸이었다. 셰익스피어 가족은 헨리 가에서 살았다.

　　1582년 11월 28일자로 작성된 결혼증명서에 따르면, 월리엄 셰익스피어는 그날 앤 해서웨이와 결혼했다. 첫 아이 수잔나는 1583년 5월에 세례를 받았다. 그로부터 1년 9개월 뒤 쌍둥이 햄닛과 주디스가 태어났다.

　　월리엄 셰익스피어는 1596년에 부친 명의로 계보문장원(系譜紋章院)에 가문(家紋)을 신청해, 문장을 받은 것으로 보인다. 왜냐하면 그가 1599년에 다시 가족 문장에 어머니 잡안의 문장을 겹쳐 사용할 권리를 신청했기 때문이다. 셰익스피어의 어머니는 친정아버지의 가문을 사용할 권리를 부여받았으나 존 셰익스피어가 공식적으로 귀족 신분을 갖기 전에 결혼함으로써 그 특전을 상실했었다.

1601-02년 사이 셰익스피어는 런던에서 크리스토퍼 마운트조이의 집에 유숙했다. 얼마 후 마운트조이와 그의 사위 간에 혼인에 따른 재산 양도 문제로 분쟁이 일어나 일련의 소송이 벌어졌고, 1612년 법원 서기가 이 사건과 관계된 셰익스피어의 증언을 기록한 것이 있다.

그 다음 기록은 스트랫퍼드 주민 존 쿰이 1614년 7월 12일 사망했을 때 나온다. 셰익스피어의 친구인 쿰이 유산 가운데 5파운드를 그에게 물려주었던 것이다. 이런 기록들이 중요한 이유는 스트랫퍼드와 런던에서 윌리엄 셰익스피어라는 사람이 실제로 살았다는 사실을 증명해 주기 때문이다.

윌리엄 셰익스피어는 1616년 3월 25일 유언장을 수정했고, 4월 23일 세상을 떠났다. 그의 유해는 스트랫퍼드 교회의 성단 내 제단 앞쪽에 안장되었다. 그의 묘비에는 약간 삐딱한 글이 새겨져 있다.

좋은 친구여, 제발 삼가주게나
여기 묻힌 나의 유골을 파내는 것을.

이 유골에 해를 입히지 않는 자에게 축복을.

나의 뼈를 옮기는 자는 철면피.

윌리엄 셰익스피어의 마지막 직계후손은 1670년에 죽은 손녀 엘리자베스 홀이다.

1564년부터 1616년 사이에 여기저기 흩어져 있는 이 같은 단편적인 정보들은 작가나 배우로서가 아니라 한 개인으로서 그가 존재했음을 입증해 준다.

극단 활동

1592년 9월, 극작가 로버트 그린은 한낱 배우에 불과한 셰익스피어가 자기들과 경쟁해 감히 극작가 행세를 한다고 비난하는 글을 남겼다. 1594년 셰익스피어는 엘리자베스 여왕 앞에서 연기를 했으며, 1594-95년에는 '체임벌린 경의 극단'의 주주가 되었다.

1599년에 글로브 극장의 공동소유자가 되었고, 1609년 초에는 동료들과 블랙프라이어스 극장을 사들여 겨울 공연장으로 사용했다.

셰익스피어가 그의 희곡(戲曲)들의 저자임을 증명하는 자료들 가운데 가장 인상적인 부분은 1623년 첫 쿼토* 판에

---

* **쿼토**(Quarto): 희곡을 넷으로 접은 종이(4절)에 인쇄했기 때문에 나온 말.

게재된 헌시(獻詩)에서 존 헤밍과 헨리 콘델이 동료 배우의
희곡들을 모아 추모집을 출간한다고 언급한 대목이다. 당대의
많은 시인들도 셰익스피어에게 찬양시를 바쳤으며, 여기에는
동료 배우이자 경쟁자였던 벤 존슨의 시도 포함되어 있다.

이처럼 현존하는 사실들은 까다로운 평론가들도 그의
작품이라고 인정하는 희곡 37편의 저자이자 한 인간으로서
셰익스피어의 진면목을 증명하기에 충분하다고 하겠다.

작품 노트

작품의 개요

　　〈맥베스〉는 공연 및 학습적인 면에서 가장 인기 있는 희곡 가운데 하나인데, 거기에는 그럴 만한 이유가 있다. 이 작품은 셰익스피어의 가장 짧은 희곡이지만, 여기에 등장하는 '푸주한 같은 왕과 악마처럼 잔인한 왕비'는 무대사(舞臺史)에서 최고로 매력적인 악당들이며, 작가가 그들에게 불어넣은 심오한 심리가 관객과 학생들에게 무한한 흥미와 즐거움을 주기 때문이다.

● 역사적 배경

　　맥베스는 11세기 스코틀랜드에 실재했던 왕이다. 셰익스피어는 맥베스 이야기를 여러 가지 출전, 특히 라파엘 홀린셰드의 〈스코틀랜드 연대기 *Chronicles*〉를 통해 많이 읽었으며, 다른 사극(史劇)을 집필할 때도 참고했다. 홀린셰드의 설명에 따르면, 뱅코와 맥베스는 덴마크인들과의 전투에서 던컨 왕의 신임을 얻은 뒤 결탁해 왕을 시해(弑害)한다. 이 본래 이야기는 스코틀랜드인들과 맥베스의 교활함을 보여주는 놀랄 만한 치밀함으로 가득 차 있다. 그들은 덴마크 군대를 무력이 아니라 간사한 지혜로 전멸시켰다. 그들은 먼저 수면제를 탄 음식을 적군에게 선물로 보낸다. 마치 트로이의 목마처럼. 그리고 적군이 깊은 잠에 떨어지자, 맥베스는 그들을 손쉽게 해치웠다.

아마도 셰익스피어는 이 사건에서 영감을 얻어 맥베스 부인이 던컨 왕의 침실을 지키는 경비병들에게 수면제를 먹이게 했을 것이다.

그러나 홀린셰드의 역사서에서는 맥베스 부인이 왕비가 되려는 야심은 품고 있지만 공범자 역할은 하지 않고, 대신 뱅코가 맥베스와 공모해서 던컨 왕을 죽인다.

홀린셰드는 셰익스피어에게 좋은 이야기거리를 제공했을 뿐만 아니라 많은 심상과 언어도 빌려주었다.

그러면 셰익스피어는 어떤 점을 보강했는가?

첫째, 대화 형식을 통해 등장인물들 사이의 정서적 관계를 보다 사실적으로 시험하고 있다. 따라서 관객은 내레이터를 통하지 않고 등장인물들로부터 직접 야심, 공포, 슬픔, 용기, 분노, 그리고 광기를 보게 된다.

둘째, 각 등장인물의 인간성을 묘사하는 데 천재성을 발휘한다. 관객은 인물들이 너무나 입체적이기 때문에, 이 끔찍한 비극이 실제로도 일어날 수 있으리라 느끼게 된다. 맥베스 부인은 잔인성을 감추지 못한다. 반면, 맥베스는 양심의 가책으로 괴로워한다. 뱅코는 선량한 사람이면서도 야심을 품고 있다.

셋째, 사건들이 얄궂은 방식으로 연결되고 유형화된다. 예를 들어, 죄책감으로 생긴 불면증은 5막에서 몽유병에 걸린 맥베스 부인이 걸어다니며 던컨 왕의 시역에 개입한 사실을 독백으로 누설할 때 잘 나타난다.

　마지막으로, 셰익스피어는 방백(傍白)과 독백(獨白)을 능숙하게 활용해서 등장인물의 마음속을 들여다볼 기회를 제공한다. 다소 심리적 정확성을 가지고 역사적인 인물의 의도, 희망, 공포 등을 보여주는 일은 역사 기록물에서는 불가능한 작업이다.

●〈맥베스〉의 무대사(舞臺史)

　〈맥베스〉를 쓰면서 셰익스피어가 가진 주요 관심거리 가운데 하나는 몇 년 전에 쓴 〈햄릿 *Hamlet*〉과 〈리어 왕 *King Lear*〉에서 이미 살펴본 왕권의 특성을 고찰하려는 것이었다. 그가 왜 이 문제에 그렇게 큰 관심을 가지고 있었는지를 이해하려면 먼저 이 희곡의 흥미로운 초기 무대 역사를 간략히 살펴보아야 한다.

　1605-06년에 쓴 것으로 보이는 〈맥베스〉는 일단의 가톨릭 신자들이 국왕과 영국 의회를 날려버리려고 기도했던 유명한 화약음모 사건이 일어난 지 채 1년이 안 되는 시점에 제임스 1세 앞에서 초연되었다. 반역과 국왕 시해를 다룬 연극은 화제가 되고, 정치적으로 중요시될 것이 불 보듯 뻔했다. 셰익스피어가 초자연적 현상과 왕권의 특성에 관심이 많은 왕에게 이 연극을 통해 즐거움을 주려 했던 것은 추호도 의심할 여지가 없다. 게다가 제임스 1세는 스코틀랜드의 조상인 스튜

어트 왕가의 후손이었으므로 스코틀랜드의 초기 국왕들과 연관된 연극에 마음이 끌렸을 것은 자명하다. 그런데 문제는 스튜어트 왕가가 〈스코틀랜드 연대기〉에 맥베스의 국왕 시해를 도운 것으로 기록된 뱅코의 후예란 사실이었다. 따라서 셰익스피어는 뱅코를 공범자로 만들지 않고, 그 역할을 맥베스의 아내에게 넘기게 된 것이다.

제임스 1세는 훌륭한 왕의 덕목에 큰 관심을 가진 나머지 1599년에 '가장 사랑하는 아들 헨리 왕자에게 주는 가르침'이란 부제를 붙여 〈바실리콘 도론 *Basilikon Doron*〉을 집필했다. 선정을 베푸는 국왕의 덕목 가운데 일부는 〈맥베스〉 4막 3장에서 맬컴이 '왕자(王者)다운 미덕' — 공정, 진실, 절제, 지조, 관인(寬仁), 불굴, 자비, 겸손, 경건, 인내, 용기, 불요불굴의 정신 — 으로 열거하고 있다. 그런데 정작 맥베스는 이런 덕목을 모두 가지고 있지 않다. 가장 큰 악덕은 권력을 추구하는 과정에서 거짓말, 심지어는 자기 양심에까지 거짓말을 하려는 충동을 갖는다는 것이다.

● 맥베스와 관객

맥베스는 자신에게 가장 큰 거짓말을 한다. 야심에 눈먼 그는 자만심이 너무 커서 운명을 향해 위태롭게 걸어가면서도 그것을 깨닫지 못한다. 아마도 맥베스 부인이 자살할 때, 비로소 진실을 인정하는 것 같다. 그는 '그녀는 지금이 아니더라도 어차피 죽어야 할 사람'이라고 평하고, '내일, 내일, 또 내일은 / 매일매일 살금살금 기어 간다 / 인류 역사의 마지막 음절(音節)까지…'라고 덧붙인다.

이 구절은 독자나 관객이 아닌 모든 인간에게 적용되는 말이다. 우리는 자살을 하지 않을 수도 있고, 권력을 향한 야망을 갖지 않을 수도 있지만, 흐르는 시간을 지켜보는 기분이 어떤지를 알고 있다. 이 부분을 통해 잠시 우리는 정서적으로 벌거벗은 인간, 권력을 모두 빼앗겨버리고 — 자각과 어쩌면 쓰디쓴 자조(自嘲)로 — 평범한 인간의 경험에서 자기 몫을 시인하는 한 인간을 보게 된다. 맥베스가 이런 느낌을 갖는 순간은 몇 번 되지 않는다. 이내 그는 비극적 종말을 향해 오만하게 성큼성큼 걸어 나간다.

우리는 맥베스가 아닐지라도 관객 또는 독자로서 그와 같은 상황에 처할 수 있다. 우리 역시 초자연적인 환상을 경험한다. 그리고 묻는다. "이게 단검(短劍)인가?", "이것들이 실체인가?" 이런 온갖 물음들에 대한 대답은 모호하다. 이렇게 보면 실체이고, 저렇게 보면 거짓으로, 오로지 '이중의 의미로 우리를 속이는' 장난질일 뿐이다. 맥베스조차도 실체이기도 하고 아니기도 하다. 그는 자신의 이중적인 존재를 깊이 인식하고 한 사람의 배역을 소화하는 배우다.

이 연극에는 세 마녀가 무대를 돌며 노래하고 춤추는 마법 의식(儀式)에서부터 연극무대 같은 세상에 대한 언급이 여기저기 나온다. 3막의 만찬은 거창한 연극이다. 그런데 무대 감독(맥베스)은 원하는 대로 연출을 할 수 없다. 살인도 하나의 연기다. 맥베스 부인이 "마음속에 소원하고 있으면서도 용감하게 행동으로 나타내기에 겁이 나는 거지요?"하고 상기시키는 것처럼, 어떤 생각이나 의도와는 명백히 구분되는 연기다.

따라서 그에게서는 운명과 아내, 그리고 자기 자신에 의해 지시되는 한 배우를 보게 된다. 유능하면서도 무능하고, 무대 공포를 겪으면서도 연극을 성공시키기 위해서라면 나아가야만 하는 그런 배우를. 이런 식으로 우리는 맥베스에게 공감하기 시작하고, 갑자기 이 연극이 거둔 위대한 성과가 무엇인지 깨닫게 된다.

훌륭한 작품을 접하면 감정이입이 되듯이 우리는 맥베스와 같은 처지에 놓인다. "만약 그렇게 하면…"결과는 어떻게 될까? 그리고 우리라면 어떻게 할까? 우리는 맥베스가 그렇게 행동해서는 안 된다는 것을 깨닫는 동시에, 그럼에도 불구하고 왜 그가 그런 행동을 하는지 자문해 보아야 한다. 그 대답은 결코 단순하지 않다.

● 셰익스피어의 언어, 심상(心想), 기법

당시의 영어는 난해하지만 셰익스피어가 인기 있는 이유 중 한 가지는 글이 대단히 과감하고 명료하다는 것이다. 예를 들면, 맥베스가 자기 손에는 '푸른' 바다를 '붉게' 물들일

만큼 많은 피가 묻어 있다는 유명한 말을 한다. 나중에는 피의 바다를 '걸어가야' 한다는 말도 한다.

심리극인 〈맥베스〉가 지닌 문제점이라면 등장인물들이 우연히 또는 의도적으로 사물을 분명히 보지 않는다는 것이다. 이 연극은 환영(幻影)과 전조(前兆)와 어두운 의미들로 가득 차 있다. 그래서 셰익스피어는 등장인물들을 신비롭게 또는 어둠 속에 남겨놓고서, 관객들에게 정보를 제공해야 한다. 이 연극에 질문이 많은 이유 가운데 하나는 바로 여기에 있다. 그 중에 맥베스가 환영을 보고 "이게 단검인가?"라고 묻는 것은 잘 알려져 있다. 맥베스와 관객들에게 그 대답은 애매모호하다.

대부분의 학자들은 셰익스피어가 상징들의 결합을 통해 의사 전달을 효율적으로 한다는 데 의견을 같이한다. 이 희곡에서는 힘과 연약함의 상징들이 능력과 무능력의 상징들과 마찬가지로 끊임없이 서로 겨루고 있다. 하나의 좋은 예가 '인간의 친절한 정을 나타내는 젖'에 관한 상징이다. 그것은 나중에 맥베스 부인이 젖을 물리고 있던 자기 아기를 죽일 수도 있다고 주장할 때 다시 표면으로 떠오르는데, 맥베스의 연약함과는 대조적이다. 맥베스와 아내는 젖의 색깔인 흰색을 겁의 상징으로도 사용하고 있다. 반면에 피의 색깔인 붉은색은 용기와 생명의 힘뿐 아니라 폭력과 삶의 단축도 상징한다.

이 극에서 되풀이되는 또 다른 대비는 잠과 불면의 상

징이다. 던컨은 자다가 시해되지만, 맥베스, 뱅코, 맥베스 부인은 꿈 때문에 휴식을 방해 받는다. 맥베스는 "던컨은 지금 무덤 속에 있소. 삶의 발작적 열병을 치른 뒤 편히 자고 있는 거요"(3막 2장)라고 말하며, 살인 직후 자기 양심(혹은 운명)이 한 말을 회상한다. "글래미스는 잠을 죽였다, 그러니까 코더는 / 영영 못 자고, 맥베스는 영영 못 잔다!"(2막 2장)

줄거리

중세 스코틀랜드를 무대로 일부 역사적인 사실에 토대를 두고 시자된 〈맥베스〉는 무인(武人) 맥베스가 유혈 사태를 벌이며 권좌에 올랐다가 몰락하는 이야기를 그리고 있다. 던컨 왕의 군대에서 성공한 장군인 맥베스는 세 명의 마녀들로부터 왕좌에 오를 것이란 예언을 듣게 된다. 이 예언 중에는 스코틀랜드의 장래 국왕들은 맥베스의 후손들이 아니고, 그의 동료 장군의 자손들로 이어질 것이라는 말도 있다. 맥베스는 운명이 이끄는 대로 기다릴 마음의 준비를 하지만, 던컨 왕이 아들 맬컴을 세자로 책봉하자 야망과 혼란에 사로잡힌다.

자기 성(城)으로 돌아온 맥베스는, 왕을 살해하는 것이 약속 받은 운명을 성취하는 가장 빠른 길이라고 생각하는 야심적인 아내에게 설득당한다. 던컨 왕이 맥베스의 성으로 행차하게 되자, 완벽한 기회가 저절로 찾아오게 된다. 맥베스는 현세(現世)에서는 아니라고 해도, 하늘나라에서 정의의 심판을 받게 될 범죄를 저지르고 싶지 않다. 하지만 아내가 남편의 의지를 꺾는다. 저녁에 사람들이 흥청망청 마시고 논 뒤, 맥베스의 아내는 왕의 침실 경비병들에게 수면제를 먹인다. 얼마 뒤 정해진 신호에 따라 맥베스가 불안에 떨며 왕의 침실로 올라가서 자고 있는 왕을 살해한다. 괴로움에 사로잡힌 맥베스는 아내의 질책을 듣는다. 그 반역적 살인으로 그녀의 내적인 힘은 더욱 강해지기만 하는 것 같다. 이때 갑자기 두 사람은 성문을 두들리는 소리에 깜짝 놀란다.

맥베스의 성을 지키는 술 취한 문지기가 떠들썩한 소리에 문을 여니 맥더프가 서 있다. 왕을 수행하는 귀족 맥더프는 환궁을 준비하기 위해 던컨 왕을 깨우도록 요청받은 상태다. 맥베스는 그에게 왕의 방 위치를 가르쳐주고, 이어 맥더프가 왕의 시신을 발견한다. 시해가 알려지자, 맥베스는 나중에 중요한 증인이 될, 자고 있는 경비병 둘을 단칼에 베어버린다. 맥베스 부인은 왕이 시해되었다는 말을 듣자 놀라서 까무러친다. 맥베스를 포함해 그곳에 모인 스코틀랜드 귀족들은 복수를 맹세한다. 의혹의 분위기가 짙어지자, 왕의 두 아들은 국외로 달아난다. 도널베인은 아일랜드로 가고, 맬컴은 군대를 일으키기 위해 잉글랜드로 간다.

맥베스는 스코틀랜드 국왕으로 선포된다. 그러나 그는 마녀들의 두 번째 예언을 떠올리고 동료 장수인 뱅코와 그의 아들 플리언스를 죽일 준비를 한다. 마녀들의 예언에 따르면, 두 사람이 왕권에 위협이 될 것이기 때문이다. 고용된 암살자가 뱅코는 살해하지만 실수로 플리언스를 놓친다. 그날 밤 축하연에서 맥베스는 뱅코의 망령이 식탁에 나타난 것을 보고 공황 상태에 빠진다. 아내가 또 다시 그에게 힘을 북돋우려고 애쓰지만, 긴장감이 뚜렷하게 감돌기 시작한다.

다음날 맥베스는 운명을 예언해 주었던 마녀들을 찾아간다. 마녀들은 뱅코의 아들들이 스코틀랜드를 통치하게 될 것이라고 확인해 줄 뿐만 아니라, 두 가지 새로운 예언도 덧붙인다. 버넘 숲이 던시네인에 있는 그의 성을 향해 움직여 오고, '어자가 낳지 않은' 적을 만날 때까지는 맥베스가 절대로 전투에서 패하지 않을 것이라는 예언이다. 맥베스는 두 예언을 엉터리라고 물리치고, 맬컴의 침공에 대비하기 위한 준비에 들어간다.

맥베스는 맥더프가 달아났다는 보고를 받으면서 비극적 몰락의 마지막 단계로 돌입한다. 그가 내린 첫 조치는 맥더프의 아내와 자식들을 몰살시키는 것이다. 잉글랜드에서 맬컴 왕자에게 충성을 약속하던 맥더프에게 이 소식이 전해진다. 맬컴은 그에게 가족이 살해당한 일이 복수를 위한 박차가 되도록 하자고 설득한다.

한편, 스코틀랜드에서는 맥베스 부인이 병을 앓고 있다. 그녀는 잠결에 걸어 다니면서 살인과 관련한 세부적인 일들을 단편적으로 떠올리는 것 같다. 이제 연극은 진격해 오는 맬컴의 군대와 맥베스의 방어 준비로 바뀌면서 신속히 진행된다. 맬컴의 군대가 나뭇가지들을 꺾어 위장을 하고 진격해 오자, 맥베스는 버넘 숲이 던시네인의 요새를 향해 다가오고 있는 듯한 느낌이 든다. 마침내 그가 맥더프와 일 대 일로 맞싸우게 되었을 때, 복수를 맹세한 맥더프가 제왕절개수술로 세상에 나왔음을 밝힌다. 정확히 말하면 그는 '여자가 낳은 인간'이 아니었다. 이 말을 들은 맥베스는 마녀들의 예언을 거부하며 맥더프에게 돌진하다가 죽음을 당한다. 맬컴은 온 백성의 박수갈채를 받으며 스코틀랜드의 왕위에 오른다.

등장인물

맥베스 *Macbeth* 던컨 왕의 친척이자 뛰어난 장수. 글래미스의 영주인 그는 반역자를 처단하고 노르웨이 군과의 전쟁에서 승리해 코더의 영주가 된다. 세 마녀로부터 장차 스코틀랜드 국왕이 되리란 예언을 듣고 왕을 시해한다. 그의 피비린내 나는 통치는 맬컴 왕자가 이끄는 잉글랜드 군대와 맞선 전투에서 절정을 이룬다.

맥베스 부인 *Lady Macbeth* 맥베스의 악마 같은 처. 그녀의 야심이 남편을 왕의 시해라는 자기파멸적 행동으로 몰아넣는 데 한몫 한다. 실성해 자살한 것으로 전해진다.

뱅코 *Banquo* 맥베스이 동료 장수이며 친구. 그 역시 마녀들로부터 자손들이 장차 스코틀랜드의 왕좌를 계승할 것이라는 예언을 듣는다. 그는 이 예언 때문에 맥베스에게 살해되고, 맥베스는 그의 망령에게 시달림을 받는다.

던컨 *Duncan* 스코틀랜드의 국왕. 반란을 일으킨 친척과 노르웨이인들의 침공에 맞서 승리를 거둠으로써 신망 받는 왕이 된다. 왕위를 아들 맬컴에게 이양하려다가 맥베스의 손에 죽는다.

플리언스 *Pleance* 뱅코의 아들. 목숨을 노린 맥베스의 음모를 피해 달아나 한 왕조의 시조가 된다.

도널베인과 맬컴 *Donalbain and Malcolm* 던컨 왕의 두 아들. 부왕의 암살에 연루되어 누명을 쓰는 것이 두려워 스코틀랜드를 탈출한다. 도널베인은 아일랜드로, 맬컴은 잉글랜드로 달아난다. 맬컴은 폭군 맥베스를 무너뜨릴 계획 아래 잉글랜드에서 큰 군대를 일으킨다. 나중에 스코틀랜드의 국왕이 된다.

맥더프 *Macduff* 스코틀랜드의 귀족 영주로, 시해된 던컨 왕을 발견한다. 맥베스를 의심하다가 나중에 그와 맞서게 된 맥더프는 맬컴과 합류하기 위해 잉글랜드로 달아난다. 맥베스가 그의 가족을 살해하자 맥베스에게 복수를 맹세한다.

레녹스, 로스, 멘테스, 앵거스, 케이스네스 *Lennox, Ross, Menteth, Angus, Caithness* 스코틀랜드 귀족들. 나중에 맥베스에게 대항한다.

문지기, 노인, 의사들 *The Porter, the Old man, the Doctors* 벌어지는 사건들의 논평자로 모두 어느 정도의 지혜와 선견지명을 가지고 있다. 문지기는 맥베스의 성에 깃든 지옥과 같은 특징에 관해 암시한다. 노인은 던컨 왕의 시해를 자연계의 불안과 연관짓는다. 의사들은 맥베스 부인의 병을 치료하지는 못하지만 병에 대해 잘 안다.

마녀들 *The Witches* 맥베스와 뱅코에게 진실을 알려주고, 나중에 폭군 맥베스의 몰락과 비극적인 운명을 확인해 주는 듯이 보인다.

등장인물 관계도

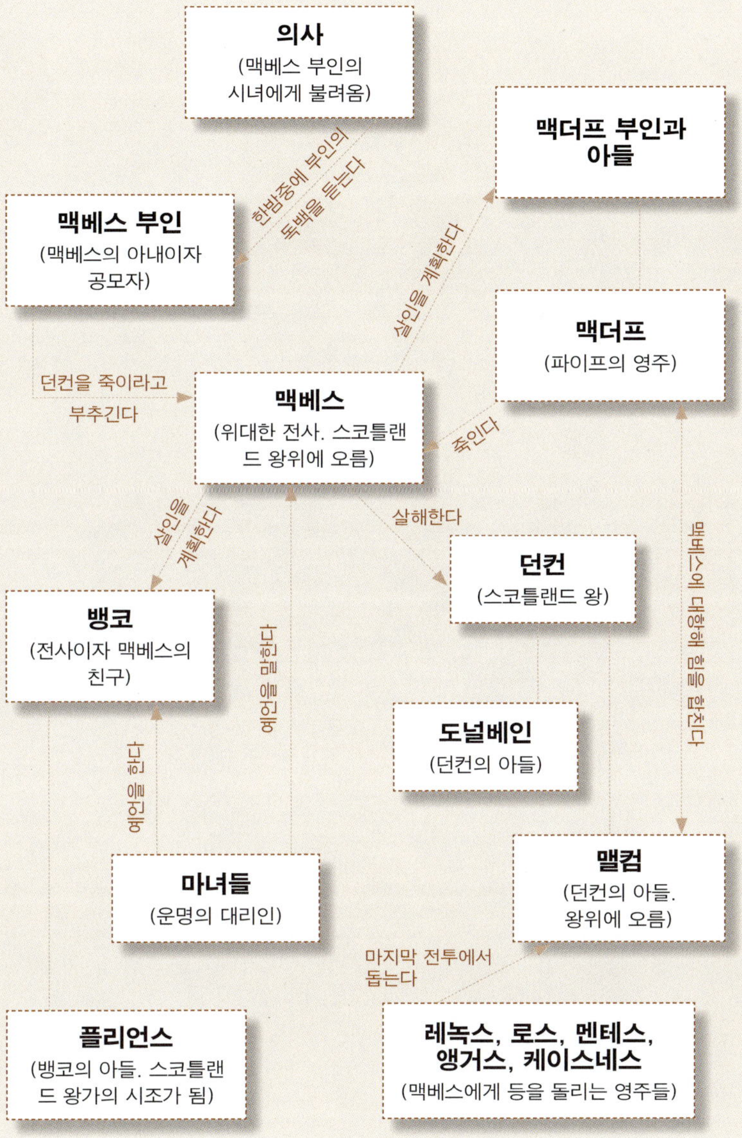

의사
(맥베스 부인의 시녀에게 불려옴)

맥더프 부인과 아들

맥베스 부인
(맥베스의 아내이자 공모자)

맥더프
(파이프의 영주)

한밤중에 부인의 독백을 듣는다

살인을 계획한다

던컨을 죽이라고 부추긴다

맥베스
(위대한 전사. 스코틀랜드 왕위에 오름)

죽인다

살해한다

던컨
(스코틀랜드 왕)

살인을 계획한다

뱅코
(전사이자 맥베스의 친구)

살인을 계획한다

도널베인
(던컨의 아들)

맥베스에 대항해 힘을 합친다

마녀들
(운명의 대리인)

맬컴
(던컨의 아들. 왕위에 오름)

마지막 전투에서 돕는다

플리언스
(뱅코의 아들. 스코틀랜드 왕가의 시조가 됨)

레녹스, 로스, 멘테스, 앵거스, 케이스네스
(맥베스에게 등을 돌리는 영주들)

Scene 별
정리
노트

: 줄거리

마녀들

폭풍우가 몰아치는 황량한 곳에서 세 명의 마녀가 미래를 예언한다.

: 풀어보기

〈맥베스〉는 공터에서 자칭 '운명의 자매 weird sisters'라는 마녀 셋이 등장한 가운데 시작된다. 고대 영어의 wyrd나 weird는 '운명 fate'을 뜻한다. 그들은 신화(神話)에 등장하는 운명의 여신들이다. 한 여신은 사람의 수명의 실을 물레질하고, 한 여신은 그 실의 길이를 재고, 한 여신은 그것을 자르는 역할을 한다. 황량한 풍경은 스코틀랜드의 척박한 환경과 더욱 황무지 같은 인간 존재를 극적으로 표현한 것이다.

문체 탐색 세 마녀의 말은 주문(呪文) 거는 것을 흉내 내는 짧은 운시(韻詩)로 되어 있고, 주술과 천둥, 번개, 비, 안개, '탁한 공기' 등, 혼돈된 날씨의 상징들로 가득 차 있다. '법석이 끝나고 싸움이 이기고 질 때'와 "아름다운 건 더럽고 더러운 건 아름답다" 따위의 구절은 이 장면에서 중요하다. 이 모순되는 표현은 일종의 수수께끼이고, 진실과 거짓을 구분하기 어려운 일들의 혼란된 양상을 암시하고 있다.

1막 2장

맥베스의 무공

스코틀랜드는 전쟁에 휘말려 있다. 던컨 왕은 내란뿐만 아니라, 노르웨이 국왕 스위노의 침공에도 직면한 상태다. 이 장(場)에서는 던컨이 세 가지 주요한 보고를 받고 있다. 반역자 맥도널드가 '용맹스러운 맥베스'의 손에 죽음을 당한 일과 맥베스가 노르웨이군과 맞서 싸운 전투, 그리고 적군 편에 가담한 코더 영주의 반역에 관한 보고가 그것이다. 각각의 경우에서 맥베스의 무공이 빛을 발해 스코틀랜드의 승리와 스위노의 항복을 이끌어낸다. 끝으로 던컨은 코더의 처형을 명령하고, 그의 영지(領地)를 맥베스에게 넘겨주도록 조치한다.

: 풀어보기

던컨 군대의 한 장수가 전투에 대해 첫 보고를 한다. 그는 처음에는 전투의 결과를 알 수 없을 정도였다고 하면서, 양측의 기진맥진한 모습을 마치 물에 빠진 사람이 서로 붙잡고 있어봤자 아무런 득도 없이 '그들의 솜씨를 죽여버리는' 상황에 비유한다. 이때는 운명의 여신마저 '미소 짓는… 매춘부'처럼 맥도널드를 돕는 것 같았다. 이런 긴박한 위기 상황이 '운명을 무시하고' 적병을 무찌른 용맹스러운 전사 맥베스 덕에 역전되었다는 보고다.

여기서 맥베스를 영웅적인 전사로 소개하는 것은 대단히 중요하다. 비극이란 위대해진 인물의 몰락을 목격하는 것이기 때문이다. '용기의 하인'이나 '전쟁의 여신 벨로나의 남편' 같은 구절은 맥베스의 초영웅적 행위를 보여주기 위한 말이다. 맥베스의 힘은 그가 전쟁터에서 보여준 활약상을 묘사하는 장수의 그림 같은 설명 속에서 강조되고 있다. 맥베스는 적장 맥도널드를 그냥 죽이지 않고, '한칼에 배꼽에서 턱까지 베고 그 머리를 성벽 위에다 걸어 놓았다.' 이 말은 맥베스가 죽음을 당했을 때의 모습을 예고한다.

맥베스의 무공은 장수의 두 번째 보고에 나오는 직유로 더욱 빛을 발한다. 맥베스와 동료 장수 뱅코가 노르웨이 군대를 두려워하지 않는 '독수리'와 '사자' 같았다는 것이다. 노르웨이 군대는 겁에 질린 '참새들'과 '토끼들'에 비유된다. 사자는 스코틀랜드 왕실 문장(紋章)에 그려져 있는 동물이다. 맥베스와 뱅코의 전투는 대포에 비유되기도 한다. (역사적으로 이 전투는 대포가 동원되지 않은 칼싸움이었다.) 결국 맥베스는 예수 그리스도가 십자가에 못 박힌 골고다 언덕 같은 해골의 언덕을 또 하나 만들어낸 것 못지않은 성과를 올린다.

로스 영주가 세 번째 보고를 가지고 등장한다. 전투의 결과가 역시 예측불허였다. 다시 한 번 양측의 병사들이 백중세를 이루었으나 맥베스의 개입으로 스코틀랜드 측에 유리하게 판가름이 난다. 이 장은 두 가지 결과로 끝을 맺는다. 첫째, 노르웨이가 강화(講和)를 요청한다. 둘째, 이 연극에서 더욱 중요한 요소로, 반란을 일으킨 코더 영주에게 사형이 선고되고, 그의 영지와 칭호가 맥베스에게 하사된다. 2장에 나오는 언어는 많은 전투와 전투의 긴박감과 잔인한 장면을 사실적으로 묘사하고 있다. "노르웨이군의 깃발이 하늘을 짓눌러 우리 백성들의 간담을 서늘하게 하고 있습니다" 같은 대목은 영화 같은 시각적 느낌을 준다.

1막 3장

맞아떨어지기 시작하는 마녀들의 예언

천둥소리와 함께 마녀들이 등장한다. 어떤 뱃사람의 아내가 한 마녀를 모욕한 것에 화가 난 그들은 뱃사람에게 무서운 저주를 내리며 힘을 과시한다. 얼마 뒤 마녀들은 말을 타고 귀환하는 맥베스와 뱅코와 마주치게 된다. 마녀들은 이 자리에서 세 가지 예언을 한다. 두 가지는 맥베스에 관한 예언이고, 마지막 하나는 뱅코의 앞날에 관한 것이다. 맥베스가 코더 영주로 임명된 뒤 왕이 되고, 뱅코는 직접 스코틀랜드를 다스리지는 못하겠지만, 다음 왕들의 선조가 될 것이라는 예언이다. 마녀들은 곧바로 안개 속으로 사라져버린다. 로스와 앵거스가 그곳에 도착해 맥베스에게 코더 영주직에 제수(除授)되었다는 소식을 전한다. 마녀들의 첫 번째 예언이 실현된 것이다.

: 풀어보기

문학적 장치

3장은 막이 열림과 동시에 초자연적 세계를 연상시키는 1막 1장보다 더 놀라운 일들을 많이 보여준다. 뱃사람에 대한 마녀들의 저주는 운명의 여신이 맥베스를 위해 감추어두고 있는 것들이 많음을 예고해 준다. 그 뱃사람은 선장이다. 맥베스도 곧 그 뱃사람처럼 나라를 이끌어나갈 '선장'이

되고, 태풍에 강타당하는 불운을 겪을 것이다. 그리고 두 사람에게는 잠이 거부될 것이다. 나중에 맥베스는 던컨 왕을 시해함으로써 '잠을 죽여버렸다'고 생각하며, 자기들 부부는 '고민이 엉킨 실타래를 풀어주는 잠'을 거부당하고 있다고 믿는다. 전통적으로 바다에서 만난 폭풍은 혼란과 예측 불가능한 사건들을 비유하는 데 사용된다.

"이렇게 나쁘고도 좋은 날은 처음 봤군"이라는 맥베스의 첫 마디는 얄궂게도 1장에서 마녀들이 '더러운 건 아름답다'고 한 말을 떠올리게 한다. 그러나 마녀들을 먼저 발견해서 애매모호한 그들의 모습에 관해 언급하는 것은 뱅코다. 그녀들은 "지상에 살고 있는 것 같지가 않은데 / 그래도 저기 있다"는 말을 그들이 이해하는 것 같지만 그는 확신하지 못하고, '여자처럼 보이는데' 수염이 나 있다. 나중에 맥베스는 '형체가 있는 듯이 보이더니 그만 거품처럼 공중으로 사라져버렸다'고 말한다.

마녀들이 맥베스에게 하는 대답에서는 애매모호한 점이 나타나지 않는다. 그는 글래미스의 영주이자 코더의 영주이며 국왕이 될 것이다. 불확실성과 확실성, 혹은 혼란스러운 것과 운명의 여신이 명령하거나 정해 놓은 것 사이의 대조는 이 희곡의 주요 구성 요소들 가운데 하나이며, 셰익스피어는 우리가 그것을 발견했으면 하고 원했던 것이 분명하다.

이 예언에 대한 뱅코의 반응은 이해할 만하다. 그는 맥베스와 동일한 반열의 장군이기 때문에 지금까지는 동등하게 공로를 인정받아 왔다. 따라서 "내게는 아무 말도 안 해줄 거냐?"며, 자기 장래도 예언해 달라고 요구한다. 하지만 마녀들의 대답은 더 수수께끼 같다. '맥베스만큼은 못해도… 더 위대하신 분', '그이만큼은 행복하지 못해도… 훨씬 더 행복하신 분', '왕이 되지는 못해도… 자자손손 왕을 낳으실 분' 등 모두 예측할 수 없는 미래를 암시하는 말이다.

이 장에서 주목할 만한 부분은 셰익스피어가 맥베스와 뱅코 두 사람의 심리적 반응을 나타내는 방식이다. 작가는 마녀들이 눈 깜짝할 사이에 사라진 것에 대한 맥베스와 뱅코의 당혹감을 두 사람이 들은 말을 불신하는 것과 교묘하게 연결시키고 있다. "우리가 광란초(狂亂草)를 먹고 이성을 마비당한 것 아니오?"라는 뱅코의 말은 강력한 약제의 작용을 시사한다. 분명한 인상은 그들이 꿈을 꾸고 있던 것처럼 느낀다는 것이다.

로스가 도착해서 맥베스가 코더 영주로 임명되었다고 말해 마녀들의 첫 예언이 실현되었음을 확인해 준다. 뱅코와 맥베스는 다시 놀라서 어리둥절해진다. 그러나 셰익스피어가 이번에는 그들의 반응을 대비시킨다. 뱅코는 그 예언들이 초자연적인 암흑의 힘이 작용한 것일 수 있다는 가능성을 깨닫는다. 그런 생각은 "아니, 마귀의 말이 들어맞다니? … 허나 흔히 우리를 해치고자 / 암흑의 수하들은 하찮은 진실로 유혹을 하고는 정작 중대한 일에선… 배반을 하거든"이라는 말에서 읽을 수 있다. 맥베스는 "이 이상한 유혹은 흉조도 길조도 아니다"며 모호한 태도를 취한다. 그의 말은 이제 그의 특징이 된 의문, 의심, 신중한 판단, 정당화 찾기로 가득 차게 된다.

맥베스는 아무리 생각해도 첫 번째 예언이 적중한 사실과 강렬하고 부자연스러운 두려움, 즉 '끔찍한 환상'을 조화시킬 수 없다. 예언이 들어맞아 너무 큰 충격을 받은 나머지 끔찍한 환상에 이성을 빼앗겼다고 느끼는 것이다. 그는 "아직은 공상에 불과한 살인이란 생각은 내 약한 인간성을 어찌나 뒤흔드는지 심신의 기능은 망상 때문에 마비되고, 환상밖에는 아무것도 눈앞에 보이지 않는구나" 하고 탄식한다. 환상 밖에는 아무것도 보이지 않는다는 말은 모호하다. 이 표현은 우리가 실재하는 것으로 생각하는 세계와 환상 세계 사이의 혼란, 다시 말해 정신적 혼란 상태를 함축한다고 할 수도 있다. 그러나 이 시점에서 맥베스는 어느 정도나 혼란스러운 상태인가? 만약 그가 마녀의 예언이 나쁜 것도 좋은 것도 아니라고 주장할 수 있다면, 그는 존재하는 것은 그 무엇도 의미가 없다고 받아들일 수 있다. 이런 해석은 맥베스에게 위험하고 부당한 행위를 하게 할 수 있다. 만약 그가 '환상밖에는 아무것도 눈앞에 보이지 않는다'는 것을 믿게 된다면, 질서와 위계, 국왕에 대한 존중도 사라지고 말 것이다. 문자 그대로 살인도 무난히 해낼 수 있는 것이다.

1막 4장

던컨 왕, 맬컴을 후계자로

던컨 왕이 궁정에서 코더의 처형 보고를 받고, 전투에서 본분을 다한 맥베스와 뱅코에게 공식적으로 고마움을 전한다. 그러고 나서 때가 오면 아들 맬컴이 후계자로 왕위를 계승할 것이라고 선언한다. 맥베스는 갑작스러운 발표에 깜짝 놀란다.

: 풀어보기

이 짧은 장은 이중적 기능을 가지고 있다. 첫째, 맥베스와 던컨의 관계를 관찰할 기회를 제공한다. 둘째, 왕권을 향한 맥베스의 야망에 기름을 끼얹는다.

반란을 일으킨 코더 영주의 처형에 대한 맬컴의 보고는 반역자도 위엄을 지키며 죽을 수 있다는 점을 강조한다. 그러나 이 보고를 받은 던컨 왕의 반응은 훨씬 더 냉소적이다. 그는 "얼굴로 사람의 마음속을 알아볼 길은 없구나. 짐은 그 자를 전적으로 신임하지 않았던가!" 하고 한탄한다. "표지를 보고 책을 판단하지 말라"는 속담을 연상시키는 멋진 말이다. 던컨 왕의 말은 그가 코더 영주의 반역을 예측하지 못했음을 시인하는 것이다. 왕권의 인간적인 측면은 그런 것이다. 셰익스피어는 던컨이 그 말을 하는 순간에 맥베스가 궁정에 들어오게 함으로써 그런 역설을 확인해 준다.

의례적인 말들이 오가고 맥베스와 뱅코는 왕에게 겸손하고 충성스러운 답례를 한다. 이때의 비유적인 표현은 주로 성장과 다산(多産)을 언급하고 있다. 이런 말에서 왕은 분명히 맥베스를 잠재적인 왕권 후계자로 보고 있음이 함축되어 나타난다. "이번에 장군에게 새 지위를 심어놓았으니 충분히 성장하도록 짐도 진력하겠소." 이런 은유는 뱅코에 의해 계속된다. 그는 자기도 왕의 호의 아래서 성장하도록 받아들여지면, 그 '수확물'은 왕에게 바치겠다고 약속한다. 이 장면은 1막 3장에서 뱅코가 마녀들에게 "너희들이 시간의 씨앗을 꿰뚫어 보고 어느 씨가 자라고 어느 씨앗이 잘 못 자랄지 예언할 수 있거든 말해 보거라"라고 하던 장면을 생각나게 한다. 뱅코의 대사에 먼저 나온 '씨앗'과 지금의 '수확물'은 뱅코 자신의 자식들을 상징하는 표현이다. 마녀들의 세 번째 예언에 따르면 뱅코의 자손들이 스코틀랜드 왕권을 계승하게 되어 있다.

셰익스피어가 이와 같은 이미지들을 다루는 방식을 간과하지 않아야 한다. 그는 흔히 빈정대는 느낌을 살리기 위해 관련된 이미지들의 다발을 만들기도 한다. 여기서는 '심다', '성장', '자라다', '수확물' 따위가 그런 이미지 다발이다. 예를 들어, 왕은 자신의 감사를 받을 만한 "모든 공신들 위에 영예의 표장(標章)이 별 같이 빛나게 하리라" 하고 말한다. 그러나 얼마 후 맬컴을 세자에 봉한다는 소식을 듣고 분노하며 좌절감을 느낀 맥베스는 혼잣말로 "별들아, 빛을 감추어라! 빛이 나의 검고 깊은 야망을 보지 못하고, 눈이 손이 하는 일을 보지 못하도록"이라고 독백한다.

별빛과 별빛의 취소라는 두 가지 상징을 나란히 배치한 것은 왕과 맥베스, 선과 악 사이에 나타나는 대립을 강조한다. 이 대립은 얄궂게도 왕이 뱅코에게 하는 마지막 대사로 더욱 강화된다. 왕은 맥베스가 자기 친척 중에서 둘도 없이 훌륭한 사람이라고 칭찬한다. 바로 이 '둘도 없이 훌륭한 친척'이라는 말이 맥베스에게 통렬한 비난을 덧씌워준다. 역사에 등장하는 맥베스는 던컨 왕과 사촌지간이었으므로 맥베스가 왕을 제거하면, 그것은 시해일 뿐만 아니라 집안의 우두머리를 의도적으로 파멸시키는 근친 살해 행위가 되기 때문이다.

1막 5장

맥베스 부인의 음모

인버네스 성, 맥베스의 집에서 맥베스 부인이 남편의 편지를 읽고 있다. 거기에는 마녀들과 만난 사연이 적혀 있다. 그 예언의 중요성을 즉각 알아차린 그녀는 던컨 왕이 인버네스 성으로 행차한다는 소식을 듣자, 예언이 빨리 실현되도록 하기 위해 국왕을 시해하기로 결심한다. 그녀는 암살을 결행하기에는 남편이 — '인정'이 너무 많아 — 연약하다고 암시한다. 던컨 왕이 곧 방문할 것이란 소식을 가지고 맥베스가 돌아오자, 아내가 살해 계획을 밝힌다.

맥베스 부인이 무대 위에서 혼자 읽고 있는 맥베스의 편지는 1막에서 마녀들이 한 예언을 되풀이해서 들려준다. 그런데 중요한 것은 맥베스가 뱅코에 대한 예언은 한 마디도 언급하지 않는다는 점이다. 어쩌면 그가 벌써부터 그 예언의 뜻을 두려워하고 있는지 모른다. 아울러 그가 아내를 '출세의 동반자이자 가장 친애하는 당신'이라고 주장하는 점도 중요하다. 실제로 그녀는 남편의 동반자로 범죄에 가담하게 될 것이지만

훨씬 더 그 이상이다. 다시 말해 맥베스의 욕망을 지배하고 어느 정도 그 행동까지도 조종하는 것이다.

편지를 다 읽고 난 맥베스 부인의 마음이 곧 바쁘게 움직이기 시작한다. "예언된 지위도 차지하게 될 것입니다"라는 그녀의 말은 맥베스가 왕이 될 것이라고 한 마녀들의 예언을 가리킨다. 이때 맥베스 부인은 이미 운명의 여신의 수하가 되어 있다. 그러나 이내 그녀는 남편이 실패할지도 모른다는 생각을 하게 된다. 그는 살인을 하기에는 '인정이(the milk of human kindness) 너무 많다.' 그에게 거기에 야심이 없는 것은 아니지만, 거기에 꼭 필요한 잔인성이 없다. 높은 지위는 탐이 나도 신성하게 얻고 싶고, 나쁜 짓을 하기는 싫지만 무슨 수를 써서라도 그것을 얻고 싶어하는 위인인 것이다. 이런 경우 해결책은 오로지 하나밖에 없다. 자신의 '결심을 당신 귀에다 쏟아 넣어주어야' 한다. 연극 〈햄릿〉을 본 관객이라면 이 대사의 중요성을 잘 알 것이다. 왜냐면 햄릿 왕이 귀로 쏟아 넣은 독약에 죽음을 맞기 때문이다. 무대가 빠르게 어두워진다.

맥베스 부인은 문학에서 만나는 가장 강한 여자 주인공 가운데 한 사람이다. 무대 위에 혼자 있는 그녀를 만나면 그 깊숙한 속마음을 은밀히 살펴볼 수 있다. 그녀의 마음은 죽음과 파괴의 이미지로 가득 차 있다. 그녀는 방백으로 '흉악한 계획'을 가장 괴기스럽고 놀라운 말로 표현한다. 먼저, 살인을 돕는 악령들에게 자기한테서 여자의 마음을 빼앗아가

고, 피를 탁하게 만들어 연민의 정이 흉악한 계획을 동요시키
지 않도록 해주고, 울 수 있는 능력을 멈추게 해달라고 빈다.
그런 다음, 같은 악령들에게 아기를 기르는 어머니의 젖을 담
즙(쓴 것)으로 바꿔달라고 간청한다. 끝으로, 하늘이 자신의
행동을 볼 수 없도록 밤에게 암흑의 '장막'을 쳐달라고 청한
다. 이 마지막 말이 앞 장(場)에서 맥베스가 한 말을 반영하는
것은 우연의 일치가 아니다. 여기서 셰익스피어는 연극의 전
편을 통해 이어질 남편과 아내 사이의 말의 끈을 만들고 있는
것이다.

맥베스가 자신의 성으로 들어올 때, 아내는 마녀들의
말을 다시 한 번 상기시키듯이 그를 맞이한다. 특히 '만
세'와 '앞으로'라는 말은 관객의 등골을 서늘하게 만든다. 마
녀들이 맥베스에게 사용했던 말이었기 때문이다. 맥베스 부부
가 만난 후에 이어지는 대화는 빠르고, 긴박하고, 불안스럽다.
셰익스피어는 이 극적인 순간을 강조하기 위해 한 행의 대사
를 반 토막씩 잘라서 '범죄의 두 동반자'가 상대방 말의 리듬
을 받아 이어가도록 하고 있다.

맥베스:	여보.
	던컨 왕이 오늘 밤 이리 행차하시오.
부인:	그리고 언제 이곳을 떠나시죠?
맥베스:	내일이오, 예정은.

부인: 오, 결코

태양은 영원히 그 내일을 보지 못할 것입니다!

셰익스피어는 암살 직후에도 이 기법을 구사하고 있다. 맥베스 부인은 이어진 대사에서 몇 가지 은유를 쓰고 있다. 그녀는 "당신 얼굴은 수상한 내용이 적힌 책과 같아요"라고 말하고는 성서의 창세기를 언급한다. "겉으론 무구한 꽃같이 보이되, 실은 그 밑에 숨은 독사가 되세요." 마녀들이 약속한 파라다이스(낙원)가 곧 지옥이 될 참이다. 여기서 중요한 심리적 국면이 하나 결정된다. 이제 맥베스 부인은 맥베스처럼 감정을 숨기지 않는다. 그녀는 놀라운 일에 넋을 잃지 않고 덤덤하다. 이 장면에서 "만사는 제게 맡기세요"라는 마지막 대사는 그 어투가 아주 현대적이다. 이 무뚝뚝하고 싸늘한 명령으로써 맥베스 부인은 여성에서 '행동하는 남성'의 역할로 변모해 남편에게 수동적인 공범의 역할을 강요한다.

1막 6장

성에 도착하는 왕의 행차

던컨 왕과 정신(廷臣) 일행이 인버네스에 당도한다. 왕과 맥베스 부인 사이에 예의를 갖춘 인사가 교환된다. 맥베스 부인은 카멜레온처럼 전형적인 완벽한 안주인 역할을 하고 있다.

인버네스에 도착하면서 던지는 던컨의 말은 극적인 역설로 인해 더욱 진지하게 느껴진다. 성이 차지하고 있는 '자리(환경)'는 기분이 '상쾌하고', 공기도 왕이 익숙한 곳보다 더 감미롭다. 제비가 날아다니며 역설적인 분위기를 고조시키는 역할을 한다. 왕의 생각으로는 적어도 밖에서 볼 때, 맥베스의 성이 낙원처럼 보인다.

왕이 성의 안주인 맥베스 부인에게 건네는 말과 그녀의 대답은 격식을 차린 정중하고 과장된 인사말로 가득하다. '신의 축복을 빌며', "저희는 이 은혜에 대해 언제까지나 폐하의 안태를 비는 기도승의 역할을 하겠나이다" 등등. 두말할 것도 없이, 맥베스 부인의 우아한 인사말은 그녀의 위선을 강조한다.

이 장면의 무대 지시는 왕의 행차에 어울리는 화려한 의식들로 넘친다. 음악이 연주되는 가운데 음식과 술이 무대의 한쪽에서 다른 쪽으로 운반된다. 관객들은 연회 장면을 직접 볼 수 없지만, 셰익스피어는 왕이 성대한 접대를 받고 있다고 생각하도록 만들고 있다.

 : 줄거리

갈등하는 맥베스

맥베스는 자기가 하려는 행위에 대해 깊은 생각에 잠겨 있다. 그는 왕을 시해하려는 강렬한 이유는 알고 있지만 내세(來世)와 현세(現世)에서 받을 응보(應報)의 두려움과 명예를 잃지 않을까 하는 걱정에서 일어나는 자기회의로 괴로워한다. 하지만 그러한 마음은 아내의 실리적인 말을 듣고는 사라진다. 그녀는 이전과 똑같은 어투로 그를 나무란다. 나약하다는 아내의 조롱과 그녀가 세운 계획의 효율성에 자극받은 맥베스는 그 '끔찍한 일'을 자신이 맡아야겠다고 생각한다.

: 풀어보기

문체 탐색 — 맥베스의 독백에 나오는 이미지는 그가 성취하고자 하는 목적(암살 내지는 성공)을 말해 준다. 그러나 독백의 언어 구조는 아직도 마음 상태가 큰 혼란에 빠져 있음을 나타낸다. *만약, 그렇다면, 그렇게 한다면, 있다면, 그러나, 여기* 따위의 단어를 되풀이해서 사용하고 있는 데 주목하자. 물 흐르는 듯한 독백의 구문 안에서 비슷한 낱말들이 줄지어 나오며 서로를 끌어당기고 암시하면서 일련의 생각에 대한 느낌을

전달한다. 이는 맥베스가 자기 생각을 합리화하고 표현할 수 있는지 아닌지를 보여준다.

맥베스를 곤혹스럽게 만드는 것은 사후(死後)에 대한 생각이다. 그의 말은 비극의 주인공 햄릿의 대사를 상기시킨다. 맥베스는 살인 행위 그 자체가 내세에서 어떤 결과를 가져오는 것이 틀림없는지, 혹은 현세의 심판이 기다리고 있을지가 궁금하다. 그는 살인 계획의 이중성과 불균형(자신은 던컨 왕의 친척이고 신하이며 손님을 맞는 주인이다. 그런데 그의 살인자가 될 것이다.), 지상과 하늘나라의 법의 평등성과 균형을 동시에 알고 있다. 그는 "이 공정한 정의의 손은 / 독배(毒杯)

를 마련한 그 장본인 입에 그것을 부어넣거든” 하고 독백한다.

맥베스의 염려 가운데는 그 자신의 평판과 던컨을 훌륭하고 덕망 높은 영도자로 보는 세상의 인식 사이의 불균형도 자리하고 있다. 그의 방백의 마지막 부분에는 종말론적인 광경이 들어 있다. 그는 폭풍우 치는 하늘에서 내려온 천사와 천동(天童)들이 던컨의 덕망과 그에 대한 동정을 얘기하는 모습도 상상한다. 성서의 최후의 심판일에서 나온 이 종말론적 광경은 다시 그에게 자기회의를 불러일으킨다. 여기서 그는 천사들과 천동들이 ‘눈에 보이지 않는 천마(天馬)’를 타고 달려오는 광경을 그려보고는 “어디 나의 계획의 옆구리에 자극을 가할 박차가 있어야지. / 있는 것이라고는 날뛰는 야심뿐. 도가 지나치면 도리어 저편에 나가떨어지고 말렷다” 하고 시인한다.

맥베스 부인은 남편의 이런 자기회의를 즉각 눈치 챈 것이 분명하다. 맥베스가 아내에게 자신의 ‘황금 같은 인기’가 빛을 잃을지도 모른다고 털어놓자, 곧바로 남편의 나약함을 비웃으면서, 그의 결심에 힘을 불어넣기 시작한다. 그녀의 질문들은 용기와 실행, 용기와 행동, 욕망과 충족 사이에 더 깊이 쐐기를 박는다. 그녀는 남편을 ‘겁쟁이’에다 생선이 탐나지만 발을 물에 적시기 싫어하는 ‘가련한 고양이’에 비유하며, 용기가 부족함을 신랄하게 비난한다. 그리고 끝으로 자기는 결심만 하면, 자기 젖을 빨고 있는 아기도 죽여버릴 만큼

동정심이 없다는 끔찍한 말까지 한다. 이 한 가지 예만 보아도 그녀가 '인정'이 없이 잔인하다는 사실을 확인할 수 있다.

다음 대사는 맥베스 부인이 살인의 세부적인 사항에 관심을 돌리면서 잔인한 면이 훨씬 더 두드러진다. 침실 경비병에게 술을 먹여 잠들게 하려는 계획은 고대 연금술에서 나온 은유적인 말로 표현된다. '증기', '(이성의) 그릇', '증류기' 따위의 단어는 연금술 과정과 관련된 낱말들이다. 연금술의 목적은 비금속(卑金屬)을 금으로 만들기 위한 것이다. 그런데 맥베스의 실험에서는 금(던컨 왕)이 비금속이 되고, 맥베스의 황금 같은 명성이 무가치하게 되어 참으로 역설적이다.

아내의 설득과 장담에 맥베스는 마침내 확신을 갖고, 살인자의 망토를 쓰게 된다. "마음속의 거짓은 가면으로 숨길 수밖에 없다"는 간결한 말은 그가 우유부단함을 완전히 극복했음을 암시한다.

2막 1장

단검의 환영(幻影)

맥베스가 왕의 침소 쪽으로 가다가 뱅코를 만난다. 그는 아들 플리언스와 함께 있다. 뱅코는 잠을 잘 수 없었다면서, 간밤 꿈에 운명의 마녀들을 보았다고 말한다. 그 문제를 상의하기 위해 다시 만나기로 약속한 다음, 뱅코는 왕에 대한 충성을 다짐하고 맥베스에게 편히 쉬라며 인사하고 물러간다. 맥베스는 혼자 남기 바쁘게 특별한 경험을 하게 된다. 순간의 열기 탓인지, 아니면 어떤 초자연적 현상 탓인지 모르지만, 던컨의 침실로 가는 길을 가리키는 유령 같은 단검을 보게 되는 것이다. "그런 건 없다"고 확신한 그는 왕의 침소로 올라간다.

첫 대화가 무대 배경을 자세히 설명해 준다. 자정을 지나서 달도 지고, 하늘의 촛불인 별빛도 사라져 보이지 않는다. 상징적으로, 1막에서 던컨 왕이 성에 도착했을 때의 상쾌하고 밝은 분위기는 완전히 사라지고, 침울한 어둠으로 바뀐다.

단검에 관한 대사는 가장 유명한 셰익스피어의 대사에 속한다. 이 방백은 무대 심리학의 매력적인 일부가 되

어 있다. 이 대사는 정상인 상태에서 오락가락 하는 마음의 동요를 반복하는 구조를 가졌다. 이런 구문은 이 연극 전반에서 맥베스의 성격을 특징짓고 있다. 여기에는 피가 엉겨 붙은 단검의 환영이 세 차례나 거듭 나타난다. "그래도 눈에는 보이는구나… 그대로 눈에 보여… 아직도 보이는군." 맥베스는 단검의 정체를 알려고 자신의 감각 세계에 호소한다. "치명적인 환상 같으니. 이놈, 실체가 있느냐? 눈에는 보이면서 손에는 잡히지 않으니", "내 눈이 잘못되어 다른 감각들의 놀림을 받는 건가, 아니면 눈만 멀쩡한 거냐?", "잔인한 짓을 계획하니까 그런 것이 눈에 어른거리는 거지…"

문체탐색 그럼에도 불구하고 맥베스는 욕망에 굴복하고, 왕이 되고 싶은 욕구가 더욱 강해진다. 그는 왕의 침실로 몰래 올라가면서 자신을 살인 자체의 화신으로 상상한다. 말투가 갑자기 고급스러운 수사(修辭)와 고전적인 암시(헤카테 여신*, 타르퀸**)로 바뀌는 것은 어색해 보이지만, 맥베스가 살인을 준비하기 위해 언어의 '탈'을 쓰고 있다고 생각하면, 그렇지만도 않다. 마지막 대사에서 "말은 실행의 열의에다 차디찬 바람을 불어 넣어줄 뿐 아닌가!"라는 대목은 언행의 차이를 지적하는 것으로, 셰익스피어의 작품에서 자주 나타나는 형태

---

* **헤카테**(Hecate): 그리스 신화에 등장하는 여신. 하늘과 땅, 지하계를 다스림.

** **타르퀸**(Tarquin): 에트루리아족의 왕. 로마공화국이 건설된 기원전 509년까지 로마를 다스렸다고 전해짐.

다. 맥베스는 마지막 이행연구(二行聯句)에서 사후 세계에 대한 걱정을 던컨에게로 전가시킨 듯하다. 왕이 천국으로 가거나 지옥으로 가는 것은 천천히 따져봐야 할 문제로 남겨진다. 하지만 맥베스 자신의 경우, 그 결과는 보다 확실해진 것 같다.

2막 2장

피 묻은 손

맥베스 부인은 국왕의 침실 경비병에게 수면제를 먹인 후, 안뜰로 내려와서 왕의 침실에서 나오는 남편과 만난다. 맥베스는 양심적으로 괴로워하는 모습이 역력하다. 아내는 다시 한 번 대장부답지 않게 꿋꿋하지 못한 남편을 나무란다. 맥베스가 시역의 단검을 그대로 손에 들고 나왔기 때문에 음모의 성공도 위태로워진다. 맥베스 부인은 살인 현장으로 되돌아간다. 단검을 그곳에 놓아두고, 침실 경비병들의 얼굴에 피를 칠하기 위해서다. 그녀는 남편이 겁먹었던 일을 직접 대범하게 해치운다. 2장이 끝나갈 무렵, 맥베스 부부는 요란하게 문 두드리는 소리를 듣는다.

문학적 장치 맥베스 부인의 첫 대사는 다시금 고조된 감정을 보여준다. 실패에 대한 두려움이, 사건의 실체가 발각되면 어쩌나 하는 두려움으로 바뀐다. 맥베스 부인은 자기가 술을 마셨기 때문에 과감해지고 격정적이라고 표현하지만, 남편처럼 아주 사소한 잡음이나 움직임에도 쉽게 깜짝깜짝 놀란다. 돌변하는 생각과 말씨는 그녀가 5막 1장에서 몽유병자가 되었

을 때, 하게 될 말을 암시한다. 그때는 자고 있는 상태에서 바로 이 순간의 일을 그대로 재연한다.

그럼에도 불구하고, 맥베스 부인은 저지른 일에 관해 냉정을 찾은 듯이 아주 끔찍한 말도 서슴지 않는다. 자고 있는 왕의 모습이 자기 아버지를 닮지 않았더라면 직접 해치웠을 것이라는 말도 한다. 일단 맹세하면, 자기 아기의 머리통도 박살낼 수 있다고 남편의 우유부단함을 나무라던 말과 유사한 대사다. 실제로는 그녀가 할 수 있다고 장담한 일을 맥베스가 실행했고, 그녀가 예상했던 역할 전환은 일어날 수 없게 되었다. 결국, 그녀가 결코 할 수 없는 일을 맥베스가 해치운 것이다.

문체탐색 이 부분의 속사포 같은 대화와 불완전한 대사는 당황스럽고 긴박한 두 등장인물의 마음을 나타낸다. 맥베스의 걱정은 중요한 두 가지에 쏠리고 있다. 첫째, 그는 '잠을 죽였다'고 믿는다. 그는 기도가 정신을 진정시켜주듯, 잠도 엉클어진 실타래를 풀어주듯 육체적 평온을 가져와야 하지만, 이제는 기도를 올리고 잠을 잘 능력이 모두 차단되어 결코 잠자리에서 편히 쉬지 못할 것이라고 생각한다. 그는 "글래미스는 잠을 죽였다, 그러니까 코더는 / 영영 못 잔다, 맥베스는 영영 못 잔다!"는 마음의 소리를 줄곧 듣게 된다. 맥베스 부인은 그런 '정신 나간' 생각을 일축하면서, '자는 사람과 죽은 사람은 그림이나 마찬가지'라고 비유한다. 하지만 나중에 죽음의 그림이 맥베스의 뇌리에서 떠난 지 오래된 후에도 그녀가 죽음의 장면에 시달리면서 잠을 이루지 못하는 것은 역설적이다.

두 번째로 맥베스가 고민하는 부분은 자기가 저지른 행위의 잔인성인데, 특히 자신의 손이 살인이라는 비인간적인 행위를 목격했다는 사실이다. 맥베스 부인에게는 피가 죽음의 그림을 칠하는 데 사용되는 물감과 같은 것일 뿐으로 쉽게 씻어버릴 수 있다. 그러나 맥베스는 그 얼룩이 표면 아래 깊숙이 남아 있다는 것을 알고 있다.

이때 문을 두드리는 소리가 시작된다. 이 요란한 소리

는 에드거 앨런 포의 단편소설 "고자질하는 심장 The Tell-Tale Heart"에서의 심장 박동처럼 맥베스 부부의 양심의 쿵쾅거림이자 실제로 문을 두드리는 소리이며, 상징적으로는 정의나 복수의 소리다.

2막 3장

"시역이다!"

문 두드리는 소리가 계속되지만 문지기는 곧장 문을 열어주지 않는다. 그 대신에 자신을 지옥의 문지기라고 상상하고, 통과시킬 죄인이 어떤 부류의 인간인지에 관해 농담을 던지고 있다. 그가 레녹스와 맥더프에게 문을 열어준다. 두 사람은 왕의 출발을 준비하기 위해 왕을 깨우라는 분부를 받고 있었다. 이른 아침이어서 성 안에 있는 사람들은 대부분 잠들어 있다. 깨어 있는 사람은 맥베스이다. 그가 맥더프에게 왕의 침실을 가리켜주고, 잠시 후 던컨 왕이 시해되었다는 소식이 터져 나온다.

이 끔찍한 소식이 알려졌을 때, 맥베스 부부는 혐의를 받지 않는다. 그러나 맥베스는 왕의 침실 경비병들을 죽였다—원래 계획에 들어 있지 않았던 일—고 시인하고, 맥베스 부인은 까무러친다. 모여든 스코틀랜드 영주들은 이 반역 행위에 대해 복수를 결의한다. 던컨 왕의 아들인 맬컴과 도널베인은 부왕의 시해 혐의를 덮어쓸 가능성이 있다고 생각하고 잉글랜드와 아일랜드로 각각 달아날 계획을 세운다.

이 분주한 장은 가벼운 희극으로 시작되는데, 그것이 긴장을 고조시킨다. 간밤의 떠들썩한 잔치에서 만취한

맥베스 성의 문지기는 자기 직업이 지옥의 문지기보다 더 나쁘다고 투덜거린다. 그는 장난삼아 자신을 지옥의 문을 여닫는 괴로운 하인으로 상상하는 독백 희극을 한판 벌인다. 농사꾼(farmer)과 사기꾼(equivocator)을 이용한 두 가지 예는 특수한 종교적·역사적 함축성을 지니고 있다. 〈맥베스〉가 개신교도인 제임스 1세 앞에서 공연되기 몇 달 전에 국왕의 암살을 노린 그 유명한 화약음모 사건이 터졌다. 가이 포크스를 포함한 음모자들은 가톨릭 개종자 존 가넷의 사주를 받았는데, 그의 별명이 '농사꾼'이었다. 한편, 법정에서 모호한 말로 종교에 관해 거짓말을 하는 것은 '다의(多義)의 허위, 애매한 말(equivocation)'로 알려져 있었다. 따라서 문지기의 예가 전혀 무의미한 것은 아니다.

문지기가 맥더프와 레녹스에게 문을 열어주고, 일련의 음탕한 농담을 던지며 관객의 주의를 끌고 있다. 바로 그 순간 맥베스는 피 묻은 손을 씻고 있음이 분명하다. 다음 순간 잠옷 차림의 맥베스가 태연하게 등장해 맥더프에게 왕의 침소를 가리켜준다.

맥더프가 왕을 깨우러 간 뒤, 레녹스는 간밤의 별난 날씨에 대해 언급한다. 심한 바람, 비명과 통곡 소리, 새들의 울음, 땅의 흔들림 등 그가 열거하는 불가사의한 일들은 종말론적인 특성을 가진 것으로서 크게는 우주적 사변과 성 안의 사건 사이에 직접적인 연관이 있음을 암시한다. "험한 밤이었소이다"라는 맥베스의 대꾸는 지나치게 덤덤해서 불신을 자극한다. "제 젊은 기억으론 처음 당하는 괴이한 밤이었습니다"라고 한 레녹스의 다음 대사는 맥베스의 반응을 수상하게 여기고 한 말이 아닐까?

"폐하께서 시역을 당하셨소!"라는 맥더프의 과장 없는 선언이 있기 전에 살인이 은유적으로 묘사되는 여러 행의 대사가 나온다. 여기서 맥더프는 암살을 바로 알리기 어려우 듯이, "극악무도한 시역이 신의 도유(塗油)를 받은 전당을 두드려 부수고 거기서 그 생명을 훔쳐가버렸소,""새로 나타난 괴녀(怪女) 고르곤에 눈이 멀어버릴 테니,""최후의 심판의 실체를 보시오!" 아무런 죄가 없는 맥더프의 이런 대사와 너무나 죄가 많은 맥베스의 말을 비교해 보는 것도 재미있다. 맥베스 역시 "명예도 명성도 죽어버렸다. 생명의 술은 다 쏟아져버리고… 전하의 피의 원천, 그 근본, 그 샘이 막혀버렸습니다" 하고 은유로 접근한다.

맥베스는 왕의 주검을 보자 격정이 폭발해서 달리 행동할 수 없었다며, 침실 경비병들을 죽인 것에 대해 변명한다. "왕은 이쪽에 쓰러져서 은빛 피부에는 금빛 핏발이 무늬 놓여지고, 입을 벌린 상처는 파괴의 무참한 입구, 인체의 갈라진 틈만 같았소." 맥베스가 은유의 사용을 자제할 수 없다는 것은 그 역시 유혈의 진실을 그대로 말할 수 없음을 시사한다.

아마도 맥베스의 강력한 수사적인 말이 자기들의 범죄

를 드러내는 단초가 될지도 모른다는 생각 때문인 듯 맥베스 부인은 갑자기 졸도해 버린다. 그녀가 무대에서 들려나가자, 연극의 속도가 변한다. 이제는 추측만 하고 있을 시간이 없다. 신속히 무장을 갖추고 다시 만난 맥베스와 다른 영주들은 반역 음모에 대해 복수를 맹세한다. 맬컴과 도널베인만 남아서 자신들의 안위를 걱정한다. 맬컴은 '마음에도 없이 애통해 하는 것은 부정한 인간들이 흔히 하는 짓'임을 간파한다.

2막 4장

왕좌가 맥베스에게

　　로스 영주는 맥베스의 성에서 돌아가는 도중에 한 노인을 만난다. 노인은 자연계의 이변에 대해 널리 알려진 소문들을 확인해 준다. 맥더프가 던컨 국왕이 매장되었다는 최근 소식을 가지고 등장한다. 그는 왕자들이 도주하고 왕좌가 맥베스에게 넘어갔다고 전한다. 마녀들의 예언이 또 한 번 적중했다.

　　노인은 마녀들처럼 여러 문학작품에 등장한다. 마녀들이 앞일을 내다보는 것과는 대조적으로, 노인은 과거에 일어난 일들의 확실성을 상징한다. 시대와 전통과 자연의 연속성은 지혜와 함께 이 인물 속에 녹아 있다. 노인은 3장에서의 젊은 레녹스의 말을 상기시키듯이 자기가 알고 믿어온 세상이 뒤집어졌다고 말한다. 소문난 모든 사건들은 단순한 자연 재앙이 아니고, 자연의 질서가 뒤집힌 것이다. 낮이 밤으로 대체되고, 육식 조류인 매가 훨씬 더 작은 올빼미에게 죽음을 당하고, 왕의 마구간의 말들이 서로를 잡아먹는 변고가 일어났다고 한다.

맥더프의 등장을 통해 셰익스피어는 연극의 전반부를 정리하고, 왕위에 오른 맥베스가 이미 스코틀랜드 왕들의 전통적인 대관식 장소인 스콘으로 갔음을 확인한다. 이 장은 연극의 전반부와 후반부를 이어주는 다리 역할을 한다.

3막 1장

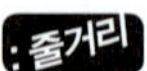

뱅코 부자를 향하는 맥베스의 칼날

뱅코는 맥베스를 의심하지만 자기 후손들이 장차 왕위를 이어갈 것이라는 마녀들의 예언을 생각하며 위안을 얻는다. 그가 내일 아들 플리언스와 말을 타고 나갈 것이란 사실을 밝히자, 맥베스는 내일 저녁 포레스의 새 왕궁에서 열릴 특별 만찬에 늦지 않게 돌아오라고 설득한다. 맥베스는 뱅코에 대한 마녀들의 예언이 자신의 지위에 위협이 된다는 사실을 깨닫는다. 뱅코의 후손들이 자기 자리를 차지할 것이라는 생각을 참을 수 없는 맥베스는 자객 둘을 고용해 뱅코와 플리언스를 살해하기 위한 사전 준비를 확인한다.

: 풀어보기

뱅코의 짧은 방백은 두 가지 목적을 가지고 있다. 첫째, 관객들에게 1막에서 있었던 마녀들의 예언을 일깨워주고, 둘째, 맥베스가 던컨 왕을 시해했을 것이라는 자신의 의심을 밝히려는 것이다. 그런데 그의 말투 역시 앞서 맥베스의 야심에 찬 어투를 연상시키는 것은 역설적이다.

맥베스 부부는 새로운 지위에 자신감을 가지고 만찬을

준비한다. 맥베스가 '짐(朕)'이라는 용어를 써서 자신을 부르는 점에 주목하자. 군주가 '나(I)'라는 1인칭 단수대명사 대신에 '우리(we)'라는 1인칭 복수대명사를 사용하는 것은, 그가 백성들과 하나이며, 백성들에 대한 절대 권위를 나타내려는 전통적인 언어의 특성이다. 한때 맥베스와 동등한 신분이었던 뱅코는 그를 '폐하'라고 부르며 새로운 권위를 인정하고 있다.

언어상의 다른 측면도 맥베스의 새로운 신분을 확인하고 있다. 예를 들어 "주빈은 여기," "축연을 잊지 말아주오" 같은 대사에 나타나는 강한 운율(韻律)이 그것이다. 시간적 여유가 많아진 맥베스가 시간을 개이치 않는 점도 "허나 내일로 미룹시다," "허나 이 일은 내일 상의해야" 등의 표현에서 잘 나타나 있다. '내일'이라는 말은 '지금부터'처럼 〈맥베스〉에서는 역설적으로 자주 쓰인다. 그러나 여기서 '내일'이라는 말을 자주 쓰는 것은 5막에 나오는 "내일, 내일, 또 내일은 매일매일 살금살금 인류 역사의 최종 음절까지 기어가고 있다"고 하는 절망적인 결과를 암시한다.

맥베스는 새로운 지위와 관복에도 불구하고 완전한 평안을 느낄 수 없다. 스코틀랜드에서 왕권의 안전은 주로 군주의 아들이 왕좌를 계승하는 데 달려 있다. 그러나 맥베스는 후사(後嗣)가 없기 때문에, 그가 왕을 시해한 것은 무의미하고 뱅코의 자손들을 위해 범행을 한 것처럼 느껴진다. "그것들(마녀들)은 예언자인 양 그자를 장차 역대 왕의 조상으로서 환영

했겠다 / 나의 머리에는 열매 없는 왕관을 씌워주고, / 나의 손에는 불모(不毛)의 홀(笏)을 쥐어주었으니.” 맥베스의 이런 방백은 뱅코를 향한 갈등이 커지고 있음을 강조한다.

맥베스는 “나는 뱅코의 자손들을 위해 인자한 던컨 왕을 시역한 셈이 아닌가! 그들 뱅코의 씨를 왕으로 만들려고 나의 불멸의 보배인 영혼을 인류의 적 악마의 손에 넣어준 셈이 아닌가!” 하고 독백한다. 이런 말은 마녀들의 말을 믿기 어려워하는 마음을 표현한 것이다. 마녀들의 말이 진실이 아니라고 자신을 설득하려는 것이다. 뱅코는 운명적인 예언을 믿고 있는 데 반해, 맥베스는 그것을 무시해 버리려고 한다. 1막 2장에서 부상당한 장수가 던컨 왕에게 보고하면서, ‘용감한 맥베스 장군이 운명의 여신을 무시하고 검을 휘둘러’ 적을 무찔렀다고 보고한 바 있다. 이제 맥베스는 더 나아가서 “그럴 바에야 차라리 자, 승부를 / 운명아, 나와 결판을 내자!”며 운명에 도전한다.

인물탐색 자객의 등장은 맥베스의 성격 전개에 중요한 요소가 된다. 다른 사람의 손을 빌려 더러운 일을 행하는 것은 정치적인 힘이 강해졌음을 나타내지만, 도덕적으로는 약해졌음을 뜻한다. 그가 적을 정면으로 맞아 상대하던 때는 멀리 가버렸다.

맥베스와 자객들의 대화는 이들이 전에 잘 알고 있던 사이임을 알려준다. 그는 그들에게 자기를 위해 일해 줄 것을 설득하고, 뱅코에 대한 증오심을 부추기면서 동정심이나 인정 때문에 일을 그르치지 않도록 거듭 당부한다. 한 자객이 "저희들도 사람입니다, 폐하" 하고 말하자, 맥베스는 일련의 강력한 은유를 통해 자객들의 인간성을 짐승 수준으로 격하시켜버린다. "그야 명색은 사람 축에 들지 / 사냥개, 그레이하운드, 잡견, 스패니얼, 들개, 애완견, 삽살개, 늑대 잡종 등등도 다 / 견족(犬族)으로 불려지듯이."

　　뱅코의 암살을 지시하고 난 맥베스는, "계획은 끝났다. 뱅코, / 네 영혼이 천당에 가기를 원한다면 오늘 밤으로 그곳을 찾아가야 한다"고 말한다. 그에 앞서 2막 1장에서 던컨을 죽이기 직전, "듣지 마라, 던컨. 저 종소리를 / 저건 너를 천국 아니면 지옥으로 불러들이는 조종(弔鐘)이다"라고 말했다. 두 대사는 두 암살이 연관되어 있다는 인상을 주기 위한 것으로 보인다.

3막 2장

괴로움에 시달리는 왕과 왕비

이 짧은 장은 잠시 행동을 중단시켜 놓고 관객들로 하여금 살인자 부부의 은밀한 마음속을 한 번 더 들여다보게 해준다. 고용된 자객들이 뱅코를 해치기 위해 떠난 후, 맥베스와 아내가 은밀하게 만난다. 그녀는 남편의 불안한 마음을 진정시켜주려고 하지만, 그녀 역시 똑같은 심정이다. 왕의 시역이 부부가 처음 생각했던 것보다 훨씬 더 많은 괴로움을 안기고 있다. 맥베스가 뱅코 암살 계획을 밝히자 아내가 놀란다.

문체탐색 이 장은 1막 5장을 극적이고 시적으로 충실히 반영하고 있다. 그때는 던컨의 암살이, 지금은 뱅코의 암살 음모가 진행되고 있다. 던컨의 암살은 맥베스 부인이, 뱅코의 암살은 맥베스가 주도한다. 전에는 아내가 맥베스에게 자신감을 불어넣어줘야 했는데, 지금은 마음 약한 역할이 그녀에게로 넘어갔다. "우리 마음에 가면을 씌우자"는 맥베스의 말은 아내가 "세상을 속이려면, 세상의 얼굴을 하세요"라고 한 말을 연상시킨다. 맥베스가 밤의 정령들에게 "자, 오너라, 눈을

닫아주는 밤아” 하고 청하는 말은 맥베스 부인이 1막 5장에서 “짙은 밤아, 어서 와서 너 자신을 시커먼 연기로 감싸다오”라고 한 말의 메아리처럼 들린다.

맥베스의 허세에도 불구하고, 그들 부부 중 어느 한쪽도 마음이 아주 편안한 것 같지 않다. 맥베스 부인은 ‘의심스러운 기쁨’을 말하고 맥베스는 ‘끊임없는 환영(幻影)에 시달린다’고 털어놓는다. 맥베스 부부가 만든 세계에서는 완전한 평화는 존재하지 않고 성취한 일은 어중간한 상태일 뿐이다. 심지어 죽은 던컨 왕도 맥베스가 이룰 수 없는 일을 이루었다. ‘인생의 발작적인 열병을 치른 뒤’ 휴식을 취하고 있으니까.

맥베스 부인은 이미 저지른 살인을 되돌아보는 데 집착하고, 맥베스는 다음 살인을 생각하면서 앞을 바라보고 있다. 그녀는 뱅코 암살에 관해서는 아직도 완전하게 알고 있지 않다. 여기서 또 한 번 본성의 전환이 두 가지 주요한 방식으로 나타난다. 첫째는, 맥베스 부인의 순진한 듯한 질문에서 나타난다. 둘째는, 맥베스가 동물의 상징을 적용하는 것에서 볼 수 있다. 1막 5장에서 맥베스 부인은 ‘까마귀’와 ‘독사’를 언급했는데, 맥베스는 ‘우글거리는 독충들’, ‘박쥐’, ‘딱정벌레’ 등의 무서운 언어를 빌려 자기 마음을 상징한다.

이 장에서 가장 강렬한 순간은 맥베스가 자신과 세상의 인연을 지워버리겠다고 암시한 순간이다. 그의 아내가 앞서 여자로서의 성(性)을 포기하고 싶어한 것과 같이, 맥베스는 인간성을 말살해 버리고 싶은 마음이 간절하다. 자신이 태어난 자연계와의 직접적인 연관이 줄곧 그를 '창백하고' 두려움에 휩싸이게 하기 때문이다. 맥베스는 비극적 운명을 향해 돌이킬 수 없이 앞으로 나아간다. 한편, 한때 그토록 냉혹하고 침착하던 아내는 냉정을 잃어가고 있다. "내 말이 수상하게 들리는 모양이구려"라는 맥베스의 말은 흔들리는 그녀의 반응을 암시한다.

3막 3장

살해당하는 뱅코

예정대로 만난 자객들이 다가오는 말발굽 소리에 서로 신호를 보낸다. 뱅코와 아들 플리언스가 기습을 당한다. 이때 갑자기 자객들의 등불이 꺼지는 바람에 일은 절반만 완수된다. 뱅코는 죽임을 당하고, 플리언스는 달아난다.

이 장은 어둠 속에서 시작된다. 자객들은 들고 있던 등불이 갑자기 꺼지는 바람에 임무를 제대로 해내지 못한다. 무대는 완전히 어둠에 빠진다. 그러나 이 순간도 로스가 노인에게 한 2막의 말을 상기시킨다. "시계로는 대낮인데, / 암흑의 밤이 운행하는 등불 태양의 목을 졸라매고 있구려." 〈맥베스〉에서는 처음부터 끝까지 암흑의 세력이 빛의 세력과 끊임없이 다투는 것 같다.

어둡고 소름 끼치는 임무와는 대조적으로, 자객들이 주고받는 말은 대단히 시적이고 비교적 경쾌하다. 특히, 해가 지기 전에 여인숙에 도착해야 하는 여행자들을 묘사할

때 더욱 그렇다. "서녁 하늘엔 아직 석양빛이 가물거리고 있소. / 길 저문 길손은 제 시간에 여인숙을 찾아들고자 말을 / 재촉할 무렵이오." 이러한 시의 기능은 말과 행동의 특성을 비교하는 데 있다. 우리는 맥베스에게서도 동일한 위선을 보아왔다. 그 역시 살인을 저지르면서 시를 읊을 수 있다.

주제탐색 또 다른 기능은 관객들에게 자연의 질서가 있으며, 구원이 가능하다는 것을 일깨워주는 데 있다. 이상적인 세계에서는 길 저문 길손은 아무리 늦어도 '제 시간에' 숙소를 찾을 희망이 있다. 그러나 만사의 자연 질서가 뒤집히고 등불이 꺼진 세계에서는 이 장의 상징처럼 그런 희망도 사라져버린다. 뱅코는 환영을 받으려고 말을 몰지만, 종말을 향해 가고 있었던 것이다.

문학적장치 플리언스의 탈출은 맥베스의 비극에서 하나의 전환점이 된다. 아들에게 복수를 당부하는 뱅코의 유언은 관객들에게 마녀들이 한 말을 떠올리게 한다. 비록 뱅코는 왕좌에 오르지 못하지만, 그가 장차 왕들의 조상이 될 것이라는 예언이다.

3막 4장

뱅코의 유령이…

포레스의 왕궁에서 맥베스 부부가 만찬에 참석하는 스코틀랜드 영주들을 맞이하고 있다. 만찬이 시작되기 직전, 옆문으로 등장한 자객 하나가 맥베스에게 임무에 관해 보고한다. 뱅코는 암살했으나, 플리언스를 죽이는 데는 실패했다는 것이다. 맥베스는 마음을 가다듬고 식탁으로 돌아간다. 참석하지 못한 친구를 위해 축배를 들자고 제안하는 그의 눈에 뱅코의 유령이 보이는 것 같은 상상이 든다. 공중에 떠 있던 단검처럼, 뱅코의 유령이 나타났다 사라졌다 하자 맥베스는 용기와 절망 사이를 오락가락한다. 맥베스 부인은 영주들에게 돌아가달라고 당부하고, 둘만 남게 되자 다시 한 번 남편을 진정시키려고 애쓴다. 그러나 맥베스의 편집광적인 마음은 다음 살인을 생각하고 있다. 맥더프가 그 대상이다. 그는 자신의 미래를 더 자세히 확인받기 위해 한 번 더 운명의 자매들을 찾아갈 의향을 밝힌다.

"각기 신분대로 앉으시오," "양쪽 좌석이 인원수가 같구먼. 짐은 여기 가운데 앉겠소," 맥베스의 이런 말은 스코틀랜드에 질서와 균형이 돌아왔음을 시사한다. 하지만 관

객들은 그렇지 않다는 것을 알고 있다. 뱅코가 불참하는 바람에 양쪽의 인원수가 같지 않고, 맥베스가 왕을 시역하고 권좌를 약탈함으로써 신분과 위계질서는 파괴되었다. 1막 6장에서처럼 맥베스 부인은 진정한 감정을 숨기고 있다. 부부는 다시 한 번 의심스러운 자신감을 가지고 행동한다. 그 자신감은 자객의 등장으로 자신의 어두운 비밀이 돌아오자, 흔들리기 시작한다.

처음 맥베스는 자객1의 말을 듣고 기뻐하면서 그를 '최고,' '천하제일'이라고 칭찬한다. 그러나 플리언스가 살아서 달아났다는 달갑잖은 소식을 듣자, 그의 말은 돌변한다. "이제 나는 좁은 방에 유폐 감금되어 / 분하게도 의혹과 공포에 결박을 당해 버렸구나!" 이는 조금 전에 자기가 누리고 있다고 말한 자유와는 판이하게 상반된다.

이제부터 맥베스의 말에 감금과 속박의 이미지가 점점 더 큰 역할을 하게 된다. 이런 말들은 5막 6장의 절박한 상태를 예고한다. 여기서는 맥베스가 진격해 오는 잉글랜드군에 포위되었음을 인정하고, "나는 말뚝에 매여 있는 꼴이다. 달아나려야 달아날 수가 있어야지" 하고 외친다. 하지만 지금은 더 무서운 무언가가 그를 붙잡고 옴짝달싹 못하게 막고 있다. 맥베스는 자기를 위해 준비된 식탁 좌석에 암살당한 뱅코가 앉아 있는 환영을 본다.

질서와 관대함의 상징인 만찬회가 지옥 같은 광경으로

변한다. 맥베스의 자리를 살해된 친구가 차지하고 있는 것이다. '악마도 겁을 낼 형상을 한' 이 유령은 무덤에서 나온 것처럼 보인다. 맥베스로서는 '뼛골은 비어 있고, 피는 차디차게 되었을' 죽은 사람이 '왜 다시 살아났는지' 이해할 수 없다. 결국 그는 너무나 실체 같은 그 유령에게 "어디 황야에서 칼을 들고 덤벼보라"며 대든다.

맥베스가 흉측한 유령에게 말을 걸면서 보이는 공포감은 마음이 진정된 순간에 보여주는 모습과 대조적이다. 유령이 사라진 순간 그의 말은 부드럽고 시적이 된다. "그러한 것이 여름날 구름처럼 엄습해 오는데, 놀라지 않을 수가?" 실제로 이 장의 전체적인 구조는 단검의 환영을 보았을 때처럼, 그의 정신상태가 이리저리 흔들리고 있음을 보여준다. 그는 세 차례 유령을 보고, 세 차례 감각을 되찾는 것 같다. 이렇게 번갈아가면서 정신상태가 바뀌는 것은 맥베스가 통제력을 상실한 것 같은 인상을 강하게 준다.

한편, 맥베스 부인은 흔들림 없는 판단력을 유지한다. 남편과 달리, 유령을 보지 않고 어조도 사무적이고 현실적이다. 그녀는 남편에게 대장부다운 배짱이 부족하다고 나무란다. 맥베스는 "그런 것(유령)을 보고도 당신 얼굴은 루비 색을 잃지 않고 있는데, 내 얼굴만 하얗게 공포에 질리니"라며 한탄한다. 여기서 '루비 색'과 '하얀색'은 2막 2장에서 맥베스 부인이 살인의 '붉은' 손과 비겁자의 '하얀' 마음을 구분한 것을 연상시킨다.

손님들이 돌아가자, 맥베스는 자신감을 되찾은 것처럼 보인다. 그는 한 번 더 마녀들을 만나러 가겠다고 밝힌다. 만찬회 장면의 마지막 부분에 나오는 맥베스의 대사는 신비하고 예언적이다. '피'라는 말의 반복과 맥베스가 멈출 수 없는 연속적인 살인이 시작되었다는 개념이 이 짧은 장면을 지배한다.

3막 5장

마녀들을 소집하는 헤카테

고대 마술(魔術)의 정령을 대표하는 운명의 여신 헤카테가 마녀들을 소집한다. 맥베스의 몰락에 자기 역할이 배제되었다며 불만을 토로하고, 이제 자기가 나서서 그의 몰락을 손수 마무리 짓고 싶다고 알리기 위해서다. 이 장은 이 연극을 이해하는 데 필요하지 않은 부분인데, 아마도 셰익스피어가 쓰지 않은 것 같다.

헤카테의 초자연적인 악의는 인간 차원의 악의를 반영하기 위해 삽입된 것이다. 그녀는 앙심이 깊은 악마로 마녀들에 대한 강력한 지시는 맥베스 부인이 남편에게 하는 말투를 반영하고 있다. 이 장은 연극의 구성상 불필요하지만, 맥베스가 그 자신의 몰락에 전적으로 책임이 있느냐는 철학적인 문제를 던져주고 있다. 헤카테의 의견은 그렇다는 쪽이다. 그녀는 마녀들에게 맥베스가 '자기 일만 위한다'고 투덜거리고, '제 운명을 차버릴 것'이라고 예언한다. 1막에서 맥베스가 '운명을 무시하겠다'고 한 말을 상기시키는 대목이다.

3막 6장

움트는 반란의 싹

　　레녹스가 맥베스에게 반기를 든 어느 귀족과 만나 맥베스에 대한 의심을 드러낸다. 그의 주장은 친척을 살해한 혐의를 받을 자들은 맥베스보다 덜 의심스럽고, 맥베스가 너무 조급하게 던컨의 침실 경비병들을 죽여 버렸다는 것이다. 레녹스는 맥베스의 조치를 받아들이겠지만, 깊은 의혹을 느낄 수밖에 없다고 말한다. 그 귀족은 레녹스에게 맥더프가 스코틀랜드를 탈출해 잉글랜드에서 맬컴 왕자의 군대에 가담했다고 알려준다. 게다가 그들이 잉글랜드의 에드워드 참회왕에게 원군을 요청했다고 덧붙인다. 레녹스와 그 귀족은 하느님의 복수로 폭군 맥베스가 빨리 몰락하고, 스코틀랜드에 더 큰 평화가 돌아오게 해달라고 기도한다.

　　대사가 멈춤과 반쯤 말한 생각, 단편적인 보고들로 이루어져 있어 이 장의 일부 언어는 어렵다. 이 장의 기능은 이중적이다. 첫째, 관객들에게 맥베스에 관한 레녹스의 진정한 속내를 알린다. 그는 비록 4막 1장에서 맥베스에게 충성스러운 것처럼 보이지만, 여기서는 "밤늦게 다닐 것이 아니구려," '폭군의 향연' 같은 보다 직접적인 말로 맥베스에 대한 우려를 털어놓고 있다.

 레녹스와 대화를 나누는 귀족의 역할은 맥더프가 잉글랜드로 탈출한 것을 확인하고, 노섬벌랜드 백작 시워드 등 반군 지도자들의 이름을 소개하는 데 있다. 그들은 나중에 연합해 맥베스에 맞서 싸운다. "그 원군으로 / 우리는 다시 성찬과 안면을 취하고…"라는 그의 대사는 3막 2장에서 맥베스가 아내에게 한 말을 떠올리게 한다. "불안 속에서 / 식사를 하고 잠을 자며, / 밤마다 저 악몽에 덜덜 떨며 고민할 바에야…"

4막 1장

변함없는 마지막 예언

맥베스는 다시 마녀들을 찾아가서 자신의 미래를 예언하는 일련의 환영(幻影)을 보여달라고 대담하게 요구한다. 첫 번째 나타난 환영은 투구를 쓴 무사의 머리다. 맥베스에게 던컨 왕의 아들 맬컴의 손에 피비린내 나는 복수를 당할 것이란 경고 같다. 두 번째 환영은 피투성이가 된 아이의 모습이다. 그는 맥베스가 여자 몸에서 태어난 자에게 죽음을 당하지는 않을 것이라고 안심시킨다. 세 번째 환영은 왕관을 쓴 아이인데, 버넘 숲이 던시네인에 있는 맥베스의 요새를 향해 쳐들어오기 전에는, 맥베스가 어떠한 전투에서도 패배하지 않을 것이라고 단언한다.

도저히 있을 수 없는 상황에 고무된 맥베스는 "뱅코의 자손들이 이 왕국을 통치할 것이냐?"고 묻는다. 마녀들은 뱅코가 이끄는 미래 왕들의 환영이 행렬을 이뤄 지나가는 광경을 보여준다. 이에 분노한 맥베스가 맥더프의 가족을 모조리 죽여버리겠다고 (방백으로) 관객을 향해 다짐한다.

이 장은 대략 세 부분으로 나뉜다. 마녀들이 주술을 거는 장면, 맥베스의 요구에 대한 유령들의 대답, 그리고 맥베스가 냉엄한 정치적·사회적 현실세계로 돌아오는 것 등이다.

이 장의 구성은 이 연극의 첫 장면을 의도적으로 상기시킨다. 다시 한 번, 맥베스는 운명적인 예언을 듣고 그것들을 어떻게 해석할지를 결정해야 할 처지에 놓이는 것이다. 그리고 어떤 행동을 하든 운명은 피할 수 없다는 사실을 이해하지 못한다.

　　마녀들이 주문을 외워 주술(呪術)을 거는 장면은 환상적이다. 부글부글 끓는 가마솥에 던져 넣는 내용물은 모두 독성이 강한 것들이다. 더구나 이것들과 함께 징그러운 동물이나 인간의 내장 등 신체 부위를 넣어 끓이면, 혀, 간, 비늘, 이빨 등등이 있는 하나의 완전한 괴물을 만들어낼 것만 같다. 맥베스가 더 이상 완전한 인간이 아니라는 강력한 의미가 된다. 이제 절반은 사람이고 절반은 괴물인 일종의 키메라가 된 것이다.

인물탐색 맥베스는 대담하게 마녀들의 소굴을 찾아가 그 입구에서 문을 두드린다. 이 장면은 2막 3장에서 맥더프가 맥베스의 성에 들어오는 장면을 떠올리게 한다. 맥베스는 마녀들의 힘에 거친 욕설로 맞서면서, 필요하다면 대기, 물, 흙뿐만 아니라 자연적이든 인공적이든 우주의 모든 요소들을 '뒤범벅으로 만들어' 황폐하게 해버릴 테니 묻는 말에 대답하라고 윽박지른다. 이 같은 도발적인 행동은 자기 미래에 관한 예언을 초자연적 존재의 '중개자'에 불과한 마녀들이 아니라, 그들의 '스승', 즉 운명을 주재하는 여신들로부터 직접 듣고 싶은 욕망 때문이다.

환영들이 연속해서 나와 맥베스의 물음에 대답한다. 단 검의 환영이나 뱅코의 망령과는 달리, 이 초자연적 환영들은 그저 맥베스의 과열된 마음의 작용이라고 할 수만은 없으며, 확실히 마녀들이 불러들인 존재들이다. 환영들의 예언에 대한 맥베스의 대꾸는 자신만만하고 약간 무례하게 보이기도 한다. 두려움이나 존경은 추호도 찾아볼 수 없다. 예를 들면, 첫 번 째 환영의 예언을 듣고는 "네가 뭔지 모르나, 그 충고는 고맙다. 너는 내 불안을 알아맞혔다"고 말한다. "맥베스, 맥베스, 맥베 스"라고 부르며 나타난 둘째 환영에게 "내 귀가 세 개라도 그 세 개로 네 말을 듣고 싶구나"라는 대꾸는 오만함을 보여준다.

첫째 환영을 제외하고 네 번째 환영을 포함해 줄지어 나오는 미래 국왕들의 환영들까지 모두 아이를 데리고 나온 다. 순진무구함의 상징인 어린이들과 죽음, 전쟁, 유혈의 상징 을 나란히 배치한 것은 극적이고 무시무시한 느낌을 준다. 하 지만 그것은 맥베스에게는 특히 더 끔찍할 것이다. 자녀가 없 는 그에게는 어린이들의 상징이 혐오감과 증오만 느끼게 하기 때문이다.

두 가지 예언에 흡족한 맥베스는 마지막 호의를 부탁 하지만 그 결과가 놀라워 전신의 힘이 빠지며, 앞서 보여줬던 용기가 사라진다. 줄지어 나타나는 아이들은 모두 플리언스 의 자손들이다. 맥베스는 그들이 쓴 황금빛 왕관에서 반사되 는 빛에 "내 눈알이 타들어간다", "눈알이 튀어나온다!"고 절규한다. "제길, 이 행렬은 최후의 심판 날까지 계속될 참이냐?"
라는 말로 맥베스의 반응은 절정에 이른다. 이 대목에서 그는
맥베스 가문이 배제된 미래가 열릴 수 있음을 깨닫는다.

셰익스피어는 천둥, 유령, 날아다니는 마녀 등 특수효과
가 풍부한 이 장에다 마지막으로 시각적인 충격을 가한다. 여
덟 명의 어린이 같은 왕들은 모두 거울을 하나씩 들고 있으며,
그 거울들이 더 많은 미래의 왕들을 비추고 있는 것이다.

마녀들은 맥베스가 본 것이 필연적인 사실이 될 것임을
확인해 준다. "제길, 이게 사실이란 말이냐?"라는 맥베스의 물
음에 마녀는 "예, 예, 사실이에요" 하고 대답한다.

차가운 한낮의 햇빛 속으로 나온 맥베스는 이내 마지막
예언을 잊어버린 것처럼 정치적 생존이 걸린 전투준비에 돌입
한다. 맥더프가 영국으로 달아났다는 보고를 받은 그는 맥더
프의 가족에게 끔찍한 보복을 가하겠다고 단언한다.

4막 2장

맥더프의 가족에게 죽음의 그림자가

파이프에 있는 맥더프의 성. 맥더프 부인이 어린 아들을 달래며 위안를 받고 있다. 아들은 아버지가 반역자가 되었을지도 모르는 상황에 직면해서도 어린아이답지 않은 용기를 보여준다. 맥더프 부인은 로스 영주로부터 너무 늦지 않게 도피하라는 경고를 받지만, 맥베스의 부하들과 맞닥뜨리게 되고 맏아들은 잔인하게 죽임을 당한다. 관객들은 부인이 달아나는 것을 보지만, 다음 장에서 살해된 것을 알게 된다.

2장과 3장은 모두 반역과 충성의 문제를 다루고 있고, 맥베스의 거만한 허세에 반대되는 진정한 용기의 본질을 고찰하고 있다.

여기 남편으로부터 버림받은 여인이 있다. 그녀는 둥지에 든 새끼들을 혼자 지켜야 하는 어미 새처럼 남겨져 있다. 부인은 아주 작은 굴뚝새도 제 새끼를 지키기 위해서는 맥더프보다 더 큰 용기를 보여주었을 것이라고 말한다. 남편은 인류의 정을 모르는 사람이라는 것이다. 이 말에서 맥베스 부인이 한 말의 되울림을 듣는 것은 흥미롭다. 맥베스 부인은 남편이 '인정이 너무 많아서 탈'이라며 나무란 바 있다.

로스의 말이 맥더프 부인의 분노를 누그러뜨린다. 그는 맥더프가 '고결하고 현명하며 분별력이 있는 분'으로 나라 전체가 당면한 시국의 잔인성을 통찰하고 있다고 설명한다. '지금 우리는 자기도 모르는 사이에 역적으로 몰리고, 두려움 때문에 소문을 믿고 있으나 도대체 뭐가 두려운지는 모르는 처지'라고도 말한다. 맥베스가 다스리는 스코틀랜드에서는 테러의 공포 때문에 어느 누구도 다른 사람의 충성이나 반역을 확인할 수 없다는 것이다.

맥더프 부인과 어린 아들은 맥더프의 충성심을 주제로 대화를 계속한다. 그녀에게 남편은 가장의 책임을 다하지 않았으니 정직하게 행동하지 않은 것으로 치부된다. 그러나 아들은 세상에는 정직하지 않은 사람들이 넘쳐나고 있다는 말로 어머니를 위로한다. 또 다른 사자(使者)가 등장해 서둘러 도피하라고 일러줌으로써 긴박감이 고조된다. 그가 가버린 뒤 다시 외롭게 남겨진 맥더프 부인은 로스의 말을 떠올리며 인간 사회가 예측하기 어렵고, 가치관이 뒤죽박죽 혼란을 빚고 있다고 생각한다. "이 세상에서는 악한 일을 한 사람이 칭찬받게 마련이고, 어쩌다 있는 선한 일은 위험한 바보짓 취급을 당한다"고 한탄한다.

맥더프의 어린 아들이 어머니와의 대화에서 직설적이고 용감한 말을 하는 것을 본 관객들은 암살자들에게 맞서는 아이의 모습에 놀라지 않을 것이다. "거짓말쟁이, 털보, 악당 같으니!" 하고 암살자들을 향해 외친 아이의 마지막 말은 5막 7장에서 젊은 시워드가 맥베스에게 "거짓말 마라, 이 흉악한 폭군아!" 하고 대드는 장면을 예고한다.

4 막 3 장

"아, 스코틀랜드!"

잉글랜드에서는 던컨의 아들 맬컴 왕자가 새로 합류한 맥더프의 충성심을 시험하고 있다. 맬컴은 고결한 품위를 떨어뜨리고 맥베스보다 더한 폭군이 될 것이라는 말로써, 맥더프의 충성심이 숨김없이 드러나기를 바란다. 역(逆)심리학에 입각한 이 기도는 바람직한 효과를 가져온다. 맥더프는 '찬탈(簒奪)의 폭군' 맥베스에 대한 분노를 폭발시킨다. 맬컴은 폭군을 축출하기 위한 싸움을 도와달라고 청한다. 로스가 맥더프 가족의 학살 소식을 가지고 나타나자, 맥더프는 반군에 참여할 뿐만 아니라 맥베스에 대한 개인적인 복수를 결심한다. 이 장에는 또한 잉글랜드의 에드워드 참회왕이 맬컴에 대한 정치적인 원조 외에 좋은 일을 많이 한다는 대목이 포함되어 있다. 초자연적인 방법으로 환자들을 치유하는 신통력을 발휘하고 있다는 이야기다.

: 풀어보기

이 장은 두 부분으로 이루어졌으며, 2장에서 거론된 충성심과 용기라는 문제를 좀더 전개시킨다. 전반부는 맬컴이 맥더프의 충성심을 떠보는 상황을 다루고, 후반부는 상심한 맥더프를 자극해 맥베스에게 복수를 맹세케 하는 내용이다.

맬컴은 맥더프가 자기를 새로운 왕 맥베스에게 바치는 희생양으로 이용하기 위해 배신할지도 모른다고 암시한다. 맥더프는 "나는 배신자가 아니올시다"라는 선언으로, 일단은 넘어가지만 맬컴은 집요하다. 겉보기에 천사 같은 사람도 속으로는 은밀한 감정을 품고 있을지 모른다며, 왜 처자를 버리고 왔느냐고 묻는다. 맥더프는 자신의 관심이 가족을 돌보는 데만 있지 않고 스코틀랜드 전체를 지키는 데 있다는 것을 인식 못할 정도로 맬컴이 근시안적이란 사실을 믿을 수 없다.

주제 탐색 4막 2장에서 로스가 한 말처럼, 3장의 전후관계는 전체로서의 국가를 토대로 설정되어 있다. 맥더프는 맬컴에게 "새 아침마다 새 과부가 통곡하고, / 새 고아가 아우성치고, 새 비탄이 하늘에 울려대고, / 하늘도 스코틀랜드에 공명하는지 / 같은 비통의 소리를 울려대고 있다"는 말로 맥베스의 폭정을 고발한다. 나중에 맬컴이 맥베스보다 더 큰 폭군이 될 것이라고 말하자, 그는 "아, 스코틀랜드! 스코틀랜드… 아, 가련한 나라여!"라며 탄식한다. 맥베스가 던컨을 암살한 동기는 개인적이었지만, 그 결과는 국민적인 원한으로 발전했다.

맬컴의 다음 조치도 일종의 과감한 역심리학이다. 그는 국왕이 되면 맥베스보다 훨씬 더 악독하고 야만적일 것이라고 단언한다. 이 장면을 이해하려면 처음부터 맬컴이 거짓으로 자기는 덕망이 없고 고결하지도 않으며 명예도 군주 자질도 없다고 암시한다는 사실을 알고 있어야만 한다.

이런 암시에 대해 맥더프의 반응은 신중하다. "한없는 방종은 인성(人性)에 대한 일종의 포악입니다…"라고 시작되는 말은 일종의 외교 수사(修辭) 같은 냄새를 풍긴다. 맥더프는 인간의 어떤 죄는 용서받을 수 있다고 말한다. 심지어 부(富)에 대한 죄 많은 욕망인 탐욕조차도 군주의 미덕과 균형이 이뤄지면 용인될 수 있다고 한다. 맬컴은 "허나 내게는 그러한 미덕은 하나도 없소"라며, 맥베스에게는 없지만 자신이 갖춰야 할 미덕을 낱낱이 열거한다. 이때 맥더프가 갑자기 말을 중단시킨다. 나라가 맥베스보다 훨씬 더 사악한 또 다른 통치자 아래서 신음해야 할지도 모른다는 생각을 견딜 수 없기 때문이다. 맬컴은 맥더프의 반응에 마음을 풀면서, 조금 전에 말한 자화상(自畵像)은 전부 거짓말이었다고 털어놓는다.

그 다음에 이어지는 20행은 오늘날의 독자들에게 이상하게 보일지도 모른다. 첫째, 이 대사는 아마도 제임스 1세의 환심을 사기 위해 추가되었을 것이기 때문이다. 이 연극은 어전에서 공연되었다. 둘째, 제임스 1세의 선조인 에드워드 참회왕이 기적적 치유력을 가진 장본인이라고 소개하고 있기 때문이다. 전설에 따르면, 에드워드 왕은 환자에게 손을 대기만 하면 연주창이 낫는 신통력을 가지고 있었다고 한다.

로스가 스코틀랜드 소식을 가지고 도착한다. '온 나라에 아픈 사람들이 가득 차 있으며,' '하늘을 찢는 탄식, 신음, 절규 등이 들려도 아무도 관심을 갖지 않고,' "선량한 사람들의 목숨은 모자에 꽂힌 꽃보다 쉽게 시들고, 병도 안 걸린 채 죽어간다"는 이야기다. 그리고는 떠듬떠듬 맥더프의 아내와 어린 자식들이 살해당한 이야기를 털어놓는다. 적나라한 진상을 말하지 않으려고 애쓰는 그의 목소리가 떨린다.

가족의 참사를 전해 듣는 맥더프의 반응은 이해할 만하다. 셰익스피어는 "아이구, 하느님! 그렇게 모자로 낯을 가리지 말고 슬픔을 토로하시구려"라는 맬컴의 말을 통해, 맥더프에게 암시적인 무대 지시를 한다. 맬컴의 말은 맥더프가 슬픔을 보이지 않으려고 모자를 앞으로 푹 내려 쓰고 있음을 시사한다. 그러나 곧 맬컴은 맥더프의 눈물로 "큰 복수의 약을 지어서 죽음 같은 이 비탄을 치료합시다!"라고 동지들을 격려한다. 그러나 맥더프는 깊은 자책감에 빠진다. 그는 '지옥의 독수리'가 자신의 '귀여운 병아리들'을 단숨에 채갔다고 한탄한다. 그의 말은 2장에서 아내가 그를 '둥지 안의 제 새끼들을' 버려두고 사라졌다고 비난하던 말과 묘한 대조를 이룬다. 이 장이 주는 감정적인 복받침은 맬컴이, "대장부답게 참으시오"라고 말하자, 맥더프가 "참지요. 하지만 대장부라도 슬퍼할 수밖에 없습니다" 하고 대답할 때 절정에 이른다.

이 순간부터 맥더프는 전형적인 복수의 화신으로 변모한다. 2막 3장에서 지옥의 문에 도착해 맨 먼저 던컨의 시역을 발견한 것은 바로 맥더프였다. 이제 그는 개인적 복수를 떠맡아야 한다. 이 장면은 마지막 장을 위해 설정된 것이다.

5막 1장

몽유병에 걸린 왕비

맥베스 부인은 미쳐가고 있다. 그녀 역시 남편처럼 휴식을 취할 수 없다. 하지만 몽유병을 유발한 심리장애로 더 큰 고통을 겪고 있음이 분명하다. 잠이 든 상태로 걸어 다니며 던컨, 뱅코, 맥더프 부인의 죽음을 단편적으로 회상하는 것이다. 범죄와 연관된 이러한 말들을 시의(侍醫)와 시녀가 엿듣게 된다.

이 장의 연출방향은 첫 10행에서 분명해진다. 맥베스 부인이 어떻게 잠든 채 걸어 다녔는지에 대한 시녀의 설명은 맥베스 부인 역의 여배우에게 내리는 무대 지시와 같다. 부인이 흥분해 편지 읽는 시늉을 하는 것은 1막 5장에서 문제의 운명적인 편지를 읽은 것에 대한 시각적인 암시다. 더 나아가 그녀가 손을 씻는 동작을 취하는 것이 목격되는데, 이는 2막 2장에서 "물만 조금 있으면 죄다 말끔히 씻어집니다. 문제없어요"라는 대사를 생각나게 한다. 이런 말이 시의의 의심을 불러일으키기에 충분하지 않다면, 이어지는 얘기에서 그는 부

인이 괴로워하고 있다는 사실과 그 이유가 무엇인지 알 수 있게 될 것이 틀림없다.

맥베스 부인의 말은 심리적 압박으로 토막토막 단절되고 있다. 예절 바른 안주인이자 차분하고 오만한 주부이던 그녀가 이제는 아무런 의미 없는 말을 횡설수설하는 인간으로 전락하고 만 것이다. 그녀의 기억이나 말 사이에는 아무런 논리적인 연결이 없고 정신 분열이 너무 심해 정확한 순서로 사건들을 회상할 수조차 없다. 예를 들면, 맥더프 부인에 관해, "파이프 영주에게는 아내가 있었지. 그 부인은 지금 어디 있을까?"라고 말한다. "뱅코는 이미 묻힌 사람이라니까요. 무덤에서 살아나올 순 없잖아요"라는 말도 한다. 그리고 맥더프가 성문을 두드리는 소리를 들은 듯이 행동하기도 한다. 마치 각각의 살인이 모두 합쳐져 하나의 유혈 행렬을 이루고 있는 것 같다. 그런데 가장 역설적인 부분은 앞서 맥베스와 비슷한 대사를 구사하는 것이다. "아직도 피비린내가 나는구면. 아라비아의 온갖 향수를 가지고도 이 작은 손 하나 말끔히 씻어내지 못하겠구나. 아! 아!" 이 대사는 "위대한 해신의 이 바닷물을 다 가지면 내 손의 이 피가 다 씻길 수 있을까?" 하고 맥베스가 2막 2장에서 말한 대사를 연상시킨다. 하지만 2막에서 맥베스가 이 말을 할 때, 맥베스 부인은 무대 위에 있지 않았으므로 듣지 못했다. "해버린 일은 어떡할 수 없잖아요"란 그녀의 말은 3막 2장에서 남편에게 "과거지사는 과거지사입니다"라고 한 말과 기도서의 '참회의 기도'에 실린 말을 상기시킨다. "저희는 해서는 안 될 일을 저질렀습니다. 그리하여 저희 안에는 건강이 없사옵니다." 시의는 맥베스 부인에게는 의사보다 '신부님'이 더 필요하다는 데 의견을 같이한다.

　　이제 구원의 약속은 포기된 것이나 마찬가지다. 맥베스 부인은 "지옥은 캄캄하기도 하네"라고 말한다. 그 영혼의 어둠은 이 장이 맥베스 부인이 들고 있는 촛불 한 자루를 제외하고는 완전한 암흑 속에서 전개된다는 사실로 반영되고 있다. 맥베스 부인은 언제나 한 자루의 촛불을 자기 곁에다 놓아두라고 지시했던 것이다. 그녀는 불면에 시달리고 있지만 진실로 문제되는 것은 영혼의 안식이다.

5막 2장

버넘 숲에 진을 치다

네 사람의 스코틀랜드 귀족—레녹스, 멘테스, 앵거스, 케이스네스—이 맬컴과 잉글랜드 군대와 손을 잡기로 결의했다. 맬컴 군(軍)과 잉글랜드 지원군이 스코틀랜드로 진격해 들어와서 버넘 숲에 진을 치고 있다. 맥베스의 던시네인 요새에서 그리 멀지 않은 곳이다.

이 짧은 장은 연극을 전투준비 상태로 전개시킨다. 등장인물들은 3막 6장과 4막 3장을 생각나게 하는 언어로, 맬컴 군, 잉글랜드 군, 스코틀랜드 반군 간에 다양한 군사동맹이 이루어졌음을 관객들에게 알린다. 이런 의미에서 단순한 구성 메우기라고 볼 수도 있지만 세 가지 주목해야 할 사항이 있다. 첫째, 버넘 숲이라는 운명적인 지명을 다시 한 번 소개한다.

둘째, 케이스네스는 맥베스가 지금 '맹렬한 분노'로 전쟁준비에 광분하고 있다고 묘사한다. 이 말은 1막 2장에서 부상당한 장수가 던컨 왕에게 맥베스의 전공을 보고할 때 쓴 표현과 유사하다. 그러나 그 '분노'는 정의의 분노가 아니라 '광란한 마음을 자제심의 혁대 안에 죄어둘 수 없어서' 폭발하는 게 분명하다. 케이스네스는 옷차림을 이용한 또 다른 은유로, 맥베스가 차지한 왕이란 칭호가 '거인의 옷을 난쟁이가 훔쳐 입은 격으로 몸에 헐렁하다'고 표현한다. 1막 3장에서 맥베스가 코더 영주라는 새로운 영예를 얻자 뱅코가 '갓 입은 의복처럼 몸에 잘 맞지 않는 것 같다'고 말했는데, 그 은유가 정확히 들어맞는 듯하다.

셋째, 스코틀랜드 반군 진영의 사기가 충천하고 있는 듯하다. 그들은 병든 나라를 치료하기 위해 최후의 피 한 방울까지 바치자고 다짐한다. "피를 듬뿍 바쳐 군주의 꽃을 이슬로 적시고, 잡초를 송두리째 뽑아 없애버립시다."

 **줄거리**

안하무인 맥베스

맥베스는 적군이 진격해 온다는 보고를 대수롭지 않게 물리쳐버린다. 망령들의 예언으로 그는 전투에서 영구 불패할 것이라고 믿는 모양이다. 시종이 등장해 대규모 군대가 다가오고 있다고 아뢰자, 순간적으로 용기를 잃은 듯이 맥베스가 이내 화를 내며 그를 물리치고 갑옷을 가져와 입혀달라고 명령한다. 맥베스 부인의 병세에 관해 암울한 보고를 아뢰는 시의도 시종과 비슷한 모욕적인 대우를 받는다.

풀어보기

맥베스의 어투는 매우 뻔뻔스럽고, 여러 보고를 받지만 대수롭지 않게 여긴다. 망령들의 예언을 철석같이 믿기 때문이다. 3장의 도처에서 의심을 품을 만한 일이 생겨도, "보고는 이제 그만 가져와"라거나, "믿지 못할 영주들아, 멋대로 달아나서 잉글랜드의 놈팽이들과 한 패가 되려무나" 등의 말로 시시각각 다급해지는 상황 변화를 아예 무시해 버린다. 관객들은 맥베스가 매우 자신감에 차 있음을 알게 된다. 성난 어투는 대장부다운 모습을 돋보이게 하며, 다른 사람을 겁쟁이로 여기는 태도와 대비된다. 그는 부하를 보고 "얼굴이 파랗게 질려 겁먹은 낯짝을 하고 있다"고 핀잔을 주는가 하면, 반기를 든 사람들을 '쾌락주의자들'이라고 얕잡아본다.

문학적 장치 그는 하인과 이야기하면서, '얼굴에 피를 돌게' 하기 위해 '그 낯바대기를 찔러라'고 명령한다. 이 말은 2막 1장에서 그의 아내가 자기 손도 피가 묻어 붉게 더럽혀졌는데 남편의 심장은 창백하다고 나무라던 색깔 상징을 상기시킨다. "갑옷을 가져와!"라고 하는 맥베스에 명령에 시종이 갑옷을 입기에는 시간이 이르다고 일러주자, "아니다, 갑옷을 입혀줘" 하고 다시 명령한다. 이와 유사하게 시의가 왕비의 병을 고칠 수 없다고 고백하자 "의술 따위는 개한테나 던져줘"라며 조롱한다.

인물 탐색 맥베스의 다른 면모도 나타난다. 그는 '가슴이 아프다' 고 시인하고, "이제는 살 만큼 살았다. 내 삶도 황색 낙엽기다"라고 말하기도 한다. 이는 명성의 조락(凋落)을 의미하고, 나라의 병을 자각하고 있음을 보여준다. "시의, 그대 힘으로 이 나라를 검뇨(檢尿)하여 병의 증상을 짚어내 독을 완전히 씻어내고 다시 회복시킬 수 있다면, 그대를 찬양하겠다. 그 찬양 소리가 메아리로 울리고, 다시 이쪽으로 울려올 정도로…"

문체 탐색 이에 앞서 맥베스는 아내의 병을 언급하며 시의에게 그녀의 마음을 무겁게 짓누르는 생각과 감정을 제거할 수 없느냐고 묻는다. 시의는 "그건 환자 '그' 자신이 치료해야 합니다"라고 대답한다. 이때 셰익스피어가 의사의 대답에서, 환자를 '그녀(her)'라는 3인칭 여성 소유격 대명사로 쓰지 않고, '그(his)'라는 3인칭 남성 소유격 대명사로 쓰고 있다는 사실에 유의할 필요가 있다. 이는 맥베스 역시 자기 병을 치료할 방법을 찾아야 한다는 것을 상징적으로 나타낸다고 볼 수 있다. 시의는 자기가 들은 바로는, 병든 나라 스코틀랜드를 위해 자기가 처방할 수 있는 치료법만큼이나 맥베스의 군사적 대비도 효과적인 것 같지 않다고 말한다.

5막 4장

위장술을 펼치다

잉글랜드 군대와 스코틀랜드 반군들이 맬컴의 지휘 아래 버넘 숲에서 만난다. 맬컴은 군사적 통찰력을 발휘해 병사들에게 나뭇가지를 하나씩 베어서 각자 앞에 들고 다니도록 지시한다. '병력 수를 숨기기 위한' 위장술이다. 다시 말해 진격하는 군대의 실제 규모를 감추자는 것이다.

이 장이 시작되면서 맨 먼저 맬컴은, "이제 침실들이 안전해질 날도 머지않은 것 같소" 하고 말한다. 이는 던컨 왕이 살해된 '장소'와 이 연극에서 시종 대두되는 '불면증'이란 모티프를 일깨워준다. "그것은 의심할 여지가 없습니다"는 멘테스의 대꾸는 던컨 왕을 시해한 후 맥베스 부부를 끊임없이 괴롭히는 불면과 몽유병과 극명하게 대비된다.

병사들에게 잎이 무성한 나뭇가지로 위장하게 한 명령은 홀린셰드의 〈스코틀랜드 연대기〉에서 따온 전술이다. 그 전술은 진군하는 군대를 숨기기 위한 것이 아니고, 정확한 병력 규모에 혼동을 주려는 목적이 있다. 맬컴은 모르고 있지만,

이 위장전술은 4막 1장에 나오는 두 번째 예언을 충족시키게
된다. 다시 말해 버넘의 숲이 던시네인 언덕으로 쳐들어가는
효과를 발휘하는 것이다.

5막 2장과 4장에서 남아 있는 소규모의 맥베스 군대는
충성심이 아니라 강요에 토대를 둔 것으로, 맬컴 군대
의 진정한 충성심과는 완전히 상반된다. 4막 3장에서 맬컴이
맥베스는 썩은 과일처럼 '흔들면 떨어질 정도'라고 단언한 바
있다. 이제 시워드가 '때가 다가오고 있다'며, 맥베스를 응징
할 시간이 임박했음을 알린다.

5막 5장

왕비의 죽음

완전무장한 맥베스가 진격해 오는 맬컴의 군대에 온갖 비난을 퍼붓고 있다. 자신만만한 모습이다. 하지만 그가 늘어놓는 말을 가로막으며 무대 바깥에서 이상한 비명이 들려온다. 왕비가 운명했다—자살인지 아닌지는 아직 분명치 않다. 맥베스는 혼자 남아서 끊임없이 내일 또 내일이 '아무런 의미 없이' 이어지는 외로운 미래를 생각한다. 하지만 또 하나의 충격이 그에게 다시 일격을 가한다. 버넘 숲이 저절로 뿌리가 뽑혀 던 시네인을 향해 접근하고 있나는 보고가 늘어온 것이다. 그는 다시 예언을 떠올린다. 숲이 다가오고 있다는 사실을 부인하고 싶은 마음이지만, 그 엄연한 사실을 인정할 수밖에 없다.

: 풀어보기

문체 탐색 이 장도 3장처럼 "우리 군기(軍旗)를 바깥성벽에 내다 걸어라" 하는 배짱 좋은 명령으로 시작된다. 맥베스의 말은 도전적이고 오만하다. "이 성은 난공불락의 요새, 포위가 다 뭐냐. 내버려 두거라. (적병이) 기아와 질병한테 다 잡아먹힐 때까지." 하지만 그런 저주는 공허한 수사에 불과하다. 셰익스피어는 〈맥베스〉보다 몇 해 앞서 쓴 〈트로일러스와 크레시다〉에서 이렇게 말했다. "권력을 향한 인간의 야심찬 욕망은 일단 도중에 있는 것을 모두 집어삼키게 되면, 욕망 그 자체도 집어삼킬 수 있다. 권력을 추구하는 폭군은 결국 자기파멸을 향해 가는 경향이 있다. 이런 저주가 누군가에게 떨어진다면, 그것은 저주를 하는 자에게 떨어지기 쉽다."

이때 맥베스는 심장을 멎게 하는 비명을 듣는다. 그는 원인을 알아보도록 시종을 보내놓고서, 짧은 방백으로 이제는 그런 비명에 놀라지 않게 되었다고 관객들을 향해 말한다. 그러나 관객들은 다른 시끄러운 소리들을 떠올리게 된다. 던컨이 살해될 때 맥베스 부인이 들은 올빼미 소리, 맥베스가 들은 "맥베스는 영영 못 잔다!"는 환청(幻聽), 맥더프가 성문을 두드리는 소리 등등. 맥베스는 "공포는 실컷 맛본 나다. 이젠 살인의 기억도 예사가 되고, 아무리 무서운 일에도 *끄덕*하지 않거든"이라며 큰소리친다.

맥베스 부인의 죽음에 맥베스나 관객들은 놀라지 않았을 것이다. 유명한 "내일, 내일, 또 내일"이라는 맥베스의 대사는, 그가 아내뿐만 아니라 삶의 목적을 완전히 잃었을 때의 말이기 때문에 관객들에게 체념적이고 명상에 잠긴 듯한 어조로 들릴 것이다. 그는 이 장의 마지막에서 "이젠 태양도 보기 싫어졌다. 이 세상의 질서가 무너져 버렸으면! 경종을! 바람아 불어라! 파멸이여 오라!" 하고 절규한다.

5막 6장

숲이 던시네인에

　맬컴과 그의 군대가 나뭇가지의 '무성한 잎으로 위장한 채' 던시네인
에 당도함으로써 망령들의 예언이 실현된다.

문학적 장치 5막은 처음부터 끝까지 여러 장면들이 빠르게 전환되
어 활기와 시시각각 위기가 다가오는 긴박하고 힘찬 분
위기가 조성된다. 이 극 중 가장 짧은 이 장에서 관객들은 진
격하는 맬컴과 잉글랜드 군을 따라 던시네인 성의 성벽 바로
앞까지 도달한다.

주제 탐색 여기서 두 개의 대사는 논평할 가치가 있다. 첫째, 맬컴
은 잉글랜드 원군을 이끌고 온 자신의 '훌륭하신 숙부
님' 시워드에게 제1진의 지휘를 맡기고, 맥더프와 자기는 '작
전대로' 나머지 전부를 맡아 싸우겠다고 알린다. 시워드의 나
이와 경험을 존중하는 듯한 맬컴의 말투는, 연합군이 예의범
절을 지키고 질서정연하게 움직이고 있음을 말해 준다. 이는
상대적으로 무질서하고 정이 결여된 맥베스 정권과 좋은 대조

를 이룬다.

둘째, 이행연구(二行聯句)로 이루어진 마지막 대사에서 맬컴은 "죄다 나팔을 힘차게 불어라, 피와 죽음의 전조인 나팔을" 하고 외친다. 여기서 전조는 운명의 예고를 가리킨다.

5막 7장

마침내 성은 함락되고

　　폭군의 파멸을 가져올 일전을 예고하는 장면에서 맥베스는 시워드의 용감한 아들로부터 도전을 받는다.맥베스가 그를 쓰러뜨리고 나자, 바로 가족의 원수 맥베스를 찾고 있는 맥더프가 등장한다. 마침내 맥베스의 군대가 던시네인 성 안에서 항복했다는 발표가 나온다. 그러나 일은 아직 모두 마무리되지 않은 상태다.

　　5장의 속수무책 상태의 심상에 이어, 7장에서 맥베스는 사람들 손에 붙잡혀서 시달림을 받는 곰의 이미지로 바뀐다. 그는 사로잡힌 야생동물처럼 성이 나서 발광하듯이 나대지만 마음대로 움직일 수 없다. "나는 말뚝에 매어져 있는 꼴이다. 달아나려야 달아날 수도 없다." 그가 할 수 있는 일이라곤 운명을 기다리는 것뿐이다. 어떤 사람이 혼자 등장하자, 맥베스는 인과응보의 천벌을 내릴 여신이 젊은 시워드의 모습으로 나타난 것이 아닌지 반신반의한다. 일전을 겨루기 전에 말싸움이 벌어진다. 젊은 시워드는 맥베스를 보고 '악마', '거짓말쟁이'라며 조롱한다. 맥베스에게는 뼈아픈 진실이 담긴 말이다. 맥베스가 응수하자, 시워드는 용감하게 돌진하지만 맥베스가 휘두르는 칼을 맞고 죽는다. 맥베스는 무대에서 퇴장하면서 그의 시체를 보고, "너도 여자한테서 태어난 놈인데, 그런 놈이 휘두르는 칼이라면 모두 우습다" 하고 비아냥댄다.

문학적
장치
바로 이때 여자가 낳지 않은 사나이가 싸우러 나선다. 복수의 일념에 불타는 맥더프는 살해된 처자의 영혼을 위로해 주기 위해 기필코 자기 칼로 맥베스를 처단하고야 말겠다고 다짐한다. 가족을 버린 죄책감을 면하려면 복수는 자기 손으로 해야 한다는 것이다.

시워드는 맥베스의 성이 함락되었음을 알리면서, 맥베스의 군대가 별 저항 없이 '점잖게' 성을 내주고 항복했다고 설명한다. (이때까지는 아들이 전사한 사실을 모르고 있다.) 아마도 관객들은 '점잖은' 던컨 왕이 1막 6장에서 맥베스의 성을 방문한 운명적인 날, 성을 둘러싸고 있는 공기가 맑고 감미롭다고 한 말을 기억할 것이다. 관객들은 이제 스코틀랜드를 내리누르고 있던 중압감이 사라지고 곧 향기로운 대기가 되돌아올 것으로 믿게 된다.

5막 8장

 **: 줄거리**

맥베스의 최후

또 다른 전투 현장에서 맥베스와 맥더프가 드디어 일 대 일로 맞붙고, 말싸움에 이어 칼싸움이 벌어진다. 스코틀랜드 왕권을 유혈 찬탈한 폭군 맥베스는 정해진 대로 최후를 맞는다.

: 풀어보기

맥베스는 차라리 자살해 버릴까, 하고 생각한다. 그러나 "왜 내가 로마의 못난이들 같이 자결을 해야 한담" 하면서 그 생각을 거둔다. 하지만 자살이 그에게는 더 나은 선택이었을 것이다. 바로 그때 "돌아서라, 지옥의 악마 같으니, 돌아서!" 하고 호통 치는 복수의 화신 맥더프가 등장하기 때문이다. 4막 3장에서 맥베스를 '냉혈한'이라고 불렀던 맥더프가 택한 '지옥의 악마'란 말은 폭군 맥베스의 본성을 확인하는 것이다. 그러나 맥베스는 뱃심 좋게 허세 부리는 수사를 늘어놓으면서 자기는 공기처럼 '칼로 벨 수 없는 사람'이라고 응수한다. 그는 망령들의 예언을 자기 몸에는 부상을 막아주는 마력이 작용한다고 잘못 생각하고 있는 것이다.

맥더프의 생각은 다르다. 망령들의 예언이든 맥베스의
말이든 간에, 그의 말없는 분노와는 비교가 되지 않는다. 복

수의 진정한 목소리는 행동에 있지, 언어에 있는 것이 아니다. 맥더프가 맥베스에게 자기는 달이 차기 전에 어머니 배를 갈라서 세상에 나왔노라고 알려준다. 정확한 의미로 여자가 '낳은' 사람이 아니다. '그까짓 마력은 단념'하라는 맥더프의 짤막하지만 강력한 말 한마디에 맥베스는 생존을 위한 자신의 투쟁이 끝났음을 직감한다.

연극의 처음부터 끝까지 맥베스는 마녀들 예언의 진위가 궁금했다. 1막 3장에서는 마녀들을 '불완전한 말을 하는 것들'이라고 불렀다. 그가 알고 싶어하는 것을 모두 말해 주지 않았기 때문이다. 이제는 그들이 자신의 불완전성을 말했음을 깨닫는다. 같은 장에서 그는 마녀들의 초자연적인 예언을 '길조도 흉조도 아니다'고 시인했다. 4막 1장에서는 "그것들의 말을 좇는 놈들은 지옥에나 떨어져라!" 하고 외쳤다. 그런데 그가 바로 그 저주를 받고 있다. 5막 5장에서는 "악마들이 거짓말을 참말 같이 그럴듯하게 꾸며대 말한 게 아닐까?" 하고 예언에 대해 의구심을 털어놓기도 했다. 이제는 "사기꾼 악마들 같으니, 이젠 더 누가 믿을까 보냐. 이중의 의미로 사람을 속여 약속을 지키는 척하다간 희망을 품으니 막판에 와서 깨뜨리다니. 맥더프 너와는 싸우기 싫다"고 말한다.

이번에는 맥더프가 빈정댄다. "항복해서 세상의 웃음거리나 되어라. 진기한 괴물답게 네 화상을 막대기 끝에 걸고 그 아래에다 '자, 폭군을 보시오'라고 써 붙이겠다."

5 막 9 장

맬컴, 국왕 자리에 오르다

새로 탈환한 던시네인의 성 안에서는 만사가 당연한 귀결로 돌아간다. 폭군은 죽었고, 전쟁에 대한 논공행상이 따르고, 그곳에 모인 모든 영주들이 맬컴 왕자를 스코틀랜드의 새 국왕으로 선포한다.

이 즐거운 장은 통렬한 슬픔으로 상쇄된다. "지금 이 자리에 보이지 않는 전우들이 무사히 돌아와 주면 좋겠는데"라는 맬컴의 첫 대사는 진정한 충성에 대한 정중한 감사이자, 그가 장차 부왕 던컨을 연상시키는 관대하고 겸손한 마음으로 나라를 통치할 것임을 시사한다.

젊은 시워드의 죽음이 보고되자, 자기희생에 대한 더 큰 감사와 애도가 바쳐진다. 그의 죽음은 '겨우 성년이 된' 처지로 아버지 시워드 백작을 남기고 세상을 떠났다는 사실로 인해 슬픔이 더 크다. 그러나 시워드의 반응은 용기와 신념을 보여준다. 그는 아들이 가슴과 등 어디에 칼을 맞고 죽었는지 묻는다. 대장부답게 적과 정면으로 대결했는지 혹은 달아나려

했는지를 확인하려는 것이다. '대장부답게' 정면에 칼을 맞고 죽었다는 답변을 들은 시워드는 아들이 신의 용사가 되었다며 "그보다 더 '장한 죽음'을 바라지 않겠소"라고 말한다. 악의 권력을 너무나 철저히 끌어안았던 맥베스와 극적으로 대비되는 무인(武人)의 이미지이다.

맥더프가 폭군의 목을 장대에 꿰어 들고 성 안으로 등장한다. 슬픈 시간의 무게가 걷히고, 맬컴이 '스코틀랜드의 국왕'으로 선포되는 일만 남았다. 곧 대관식을 거행할 맬컴은 수락 연설을 통해 관객들에게 스코틀랜드 역대 왕들의 고향인 스콘으로 와서 대관식에 참석해 달라고 초대한다. 그는 국왕으로서, '신의 가호 아래 모든 필요한 일을 수단, 시간, 장소를 가려 수행'하겠다고 선언한다.

인물분석 노트

○ 맥베스

맥베스는 스코틀랜드의 글래미스 영주인 용맹한 무장(武將)으로 소개된다. 그는 싸움터에서 얻은 명성으로 왕으로부터 코더 영주를 겸하는 큰 명예를 얻게 된다. 하지만 한 인간인 그는 방백과 독백을 통해 개인적 야심을 드러낸다. 그는 자신에 대한 국민적 존경을 '황금의 인기'란 말로 표현한다.(1막 7장) 맥베스는 전쟁터에서 보여준 두려움을 모르는 성격에도 불구하고, 마녀들의 예언을 두려움으로 받아들인다. 그래서 던컨 왕을 시역하기 전이나 시역하는 과정이나 그 후에도 마음은 계속 혼란스럽다. 던컨이 왕위를 아들 맬컴에게 승계할 것이라고 발표하자 맥베스는 좌절감을 느끼는 듯이 보인다. 살인을 범하려고 할 때는 끔찍한 양심의 가책에 시달리며 괴로워한다. 아내로부터 대장부답지 못하다는 비웃음과 모욕을 받을 때는 가장 인간적이고 동정심이 많은 면모를 드러내기도 한다.(1막 7장)

그러나 3막 2장에 이르러서는 훨씬 더 전형적인 악마가 되기로 결심하고, 아내의 대담성을 능가했음을 보여준다. 야심에 휩싸인 그는 더욱 무시무시한 행위로 치닫는다. 운명의 여신과 운명을 무시하기 시작하고, 그들에 대한 도전도 주저하지 않는다. 살육이 이어질 때마다 인간적인 성품은 차츰 사라지고, 마침내 부부 사이에서 주도적인 위치를 잡은 것처럼 보인다. 그러나 맥베스로 하여금 점점 더 깊이 자신이 만든 '핏속에 발을 들여놓게' 만든(3막 4장), 이 새로운 의지는 초자연적인 사건들에 의해 끊임없이 경고를 받는다. 특히 뱅코의 망령의 출현은, 그의 정신 상태를 이리저리 흔들고 혼란에 빠뜨려 현실과 환상을 더 이상 구별할 수 없게 만든다.(1막 3장)

맥베스의 지나친 허세는 그의 지배적인 특징이 된다. 이러한 인격적 특성은 그가 다시 마녀들을 찾아가는 4막 4장에서 잘 나타나고, 대담성과 영구 불패에 대한 과신은 그를 비극적 파멸로 몰고 간다.

○ 맥베스 부인

문학사에서 가장 강력한 여성 등장인물들 가운데 한 사람이다. 남편과는 달리 인간적인 친절과 자비심이 모두 결여되어 있다. 이 같은 면모는 1막 5장에 처음 등장하면서, "사악한 마음을 돕는 악령들아, 나의 이 여자의 마음을 앗아가고, 이 머리 꼭대기에서 발끝까지 무서운 잔악으로 가득 채워다오!"라고 촉구할 때 잘 드러난다. 왕비가 되려는 불타는 야욕은 셰익스피어의 사극(史劇)에 등장하는 다른 여성 인물들보다 월등하게 강렬하다. 우리는 맥베스가 전쟁터에서 보여준 용맹함을 잘 알고 있지만, 그녀는 남편에게 용기가 없다고 꾸짖는다. 던컨 왕이 살해된 사실이 알려지자 졸도해 버리는데, 관객들은 이것도 그녀가 꾸며서 하는 행동이 아닌가 하고 의

심하게 된다.

결국 그녀는 자신의 냉혹한 잔학성의 시험에 지고 만다. 3막 4장의 만찬 장면에서 마지막으로 남편을 신랄하게 책망한 뒤, 빠르게 전개되는 사건들을 감당하지 못하고 실성해 몽유병 상태에서 일련의 살인에 대해 '자백'하며 돌아다닌다.(5막 1장) 그녀가 죽었다는 보고를 듣자 맥베스는 "내일, 내일, 또 내일"로 시작되는 독백에서 시간의 본질과 인간의 숙명을 성찰하게 된다.(5막 5장)

○ 던컨

스코틀랜드 국왕으로, 질서와 규율을 대표하는 전형적 인물. 1막 2장의 전쟁터에서 명예에 관해 말할 때나 1막 6장에서 맥베스 부인의 영접을 받으면서 하는 말은 예의 바르고 품위 있고 정중하다. 코더 영주의 반역을 미리 짐작하지 못한 것에 대해 "얼굴로 사람의 마음속을 알아볼 길은 없구나. 짐은 그자를 전적으로 신임하지 않았던가!"라며 실수를 시인할 때는 겸손함이 드러난다.(1막 4장)

가장 중요한 사실은 그가 신권(神權)으로 통치하는 군주로서 당시에는 지상에서 하느님을 대리한다는 점이다. 1606년 이 연극이 어전에서 공연될 때 제임스 1세는 왕권을 하느님이 내린 특권으로 여기고 신정(神政)을 구현했다. 왕가 혈통의 중요성은 던컨 왕의 아들 맬컴이 새로운 국왕으로 추대되면서, "짐은 신의 가호 아래 모든 필요한 일을 수단, 시간, 장소를 가려 수행하겠소"라고 말할 때 잘 강조되고 있다.

○ 맥더프

맥더프는 복수의 화신이지만, 그의 복수는 단순한 개인적 원한을 넘어 당시 사람들이 하느님이 내린 것으로 믿었던 통치자인 왕을 시역하고 왕권을 탈취한 자를 응징하는, 선(善)하고 신성한 목적을 가진 차원 높은 것이었다. 맥더프는 이 연극에서 중요한 두 가지 역할을 하고 있다. 첫째, 던컨이 시역된 현장을 처음 발견한다. 둘째, 맥베스의 지시로 처자가 살육당한 소식을 듣고 폭군 맥베스를 응징한다.

맥베스와 마찬가지로 그 역시 한 사람의 인간임을 보여준다. 그는 '귀여운 병아리 같은' 자식들의 죽음 소식을 듣고 슬픔을 감추려고 애쓴다. 맬컴 왕자가 "대장부답게 참으시오" 하고 진정시키자 "참지요. 하지만 대장부라도 슬퍼할 수밖에 없습니다"라고 말한다.(4막 3장) 맥베스와 대결할 때는 "말은 필요 없다. 이 칼이 내 말을 대신하리라" 하고 외치는데, 맥베스의 공허한 수사들과 대비되는 아주 간략한 말로, 그의 성격을 잘 나타낸다.

○ 뱅코

역사적 사실에 따르면, 뱅코는 맥베스와 공모해 던컨

왕을 시역한 공범이었다. 그러나 셰익스피어는 그 공범자 역할을 맥베스 부인에게 넘겼다. 맥베스와 마찬가지로 뱅코도 인간적인 동경과 욕망을 품고 있다. 예를 들면, 1막 3장에서 마녀들이 맥베스에게 왕이 될 것이라고 예언하자, 자기 이야기도 들려달라고 요구한다.(1막 3장) 그 후 자면서 마녀와 만나는 꿈을 꾼다.(2막 1장) 3막 1장에서 예언이 적중해 맥베스가 왕위에 오르게 된 것을 알고, 그 역시 맥베스처럼 야심을 드러낸다. "드디어 가졌구나. 왕도, 코더도, 글래미스도 다 마녀들이 약속한 대로. 그런데 실로 더러운 수단으로 얻은 것이 아닌지. 허나 이것을 네 후손에 전하지 못하고, 자자손손 왕의 근원과 조상이 될 사람은 나라고 했겠다. 만일 마녀들의 말에 진실이 있다면 — 그것들 예언이 맥베스 너에겐 맞았는데… 아내게도 신탁(信託)이 아닐 리가 없으렷다. 그러니 희망을 걸어도 좋을 것 아닌가?" 그러나 뱅코는 왕의 시해와 자신의 운명에 대해 모르고 있으며, 아들에게 자애로운 아버지라는 점에서 관객들의 동정심을 살 만한 인물이다.

○ 맬컴

던컨 왕의 맏아들. 부왕이 시역을 당한 직후, 스코틀랜드에 남아 있으면 누명을 뒤집어쓸 위험을 직감하고 아우 도널베인과 함께 국외로 탈출한다. 아우는 아일랜드로 건너가고, 그는 잉글랜드로 도피한다.(2막 3장) 4막 3장에 다시 등장할 때는, 에드워드 참회왕의 지원을 받아 노섬벌랜드 백작 시워드와 함께 맥베스를 치기 위한 군대를 모은다. 맥더프가 전형적인 복수의 화신이라면, 맬컴은 선한 왕권의 화신이라고 할 수 있다. 이런 면모는 특히 4막 3장에서 왕의 자질을 갖추지 못한 인간으로 가장해 맥더프의 충성심을 시험하는 장면에서 드러난다. 그는 부왕처럼 법과 질서를 대표하는 훌륭한 국왕이 될 자질을 보여준다.

# 마무리 노트

무대 위의 〈맥베스〉

〈맥베스〉는 셰익스피어의 가장 짧고, 가장 힘찬 연극 가운데 하나다. 그리고 간단한 줄거리와 등장인물들의 강렬한 성격표현 때문에 배우, 연출자, 관객 모두에게 큰 매력을 주는 작품이다.

● 셰익스피어 시대의 극장

엘리자베스 1세와 제임스 1세 시대의 극장은 기본적으로 3면이 높은 발코니 부분으로 둘러싸여 있는 안마당이었다. 런던의 다른 건물들, 특히 술집이나 곰 곯리기[*] 오락장들도 비슷하게 설계되어 있었다. 런던의 모습을 담은 당시의 유명한 판화들 가운데서 1611년 〈맥베스〉가 공연되었던 글로브 극장은 종종 곰 곯리기 장소로 착각을 불러일으킨 것으로 유명했다. 이러한 상황에서, "나는 말뚝에 매여 있는 꼴이다. 달아나려야 달아날 수가 있어야지. 이젠 곰 같이 발광을 해줄 수밖에"라는 맥베스의 대사(5막 7장)를 유의해 보는 것은 흥미롭다.

안마당의 중앙 뒤쪽에는 단을 높인 무대가 있고, 그 위에는 하늘을 나타내는 푸른색 덮개에 황금빛 별들이 총총히 그려져 있었다. 무대에는 유령이 들어오고 사라지는, 치켜올

---

* **곰 곯리기:** 쇠사슬에 묶인 곰을 개들이 공격하도록 한 옛 놀이.

리는 문이 나 있다. 무대 뒤에는 커튼이 쳐져 있었는데, 배우들의 탈의실로 통했다.

노천인 안마당의 조명은 대체로 자연광이었으나, 일부 실내극장이나 1606년 〈맥베스〉가 햄프턴 궁(宮)의 제임스 1세 어전에서 공연될 때는 자연광과 인공조명 사이의 예술적 긴장을 조성하기 위해 촛불을 사용했다. 맥베스 부인은 5막 1장에서 계속 옆에다 촛불을 켜두게 하는데, 이때는 밖이 거의 어두컴컴해져 있을 때였다. 실제로 〈맥베스〉에는 대낮과 밤의 빛이 자주 언급되고 있어서 무대(舞臺史)를 연구하는 학도들에게 매력적인 연구대상이 되고 있다.

셰익스피어의 희곡은 생전에 여러 차례 수정되었다. 특히 '화약 음모 사건'과 왕권의 특성에 대한 언급은 최초의 어전 공연을 위해 추가되었을 것으로 추정된다. 확실한 것은 〈맥베스〉가 고도로 시각적이고 신체적인 연극이라는 사실이다. 유령, 신체 부위에 관한 언급(손, 발), 전투 장면 등은 모두 몸의 움직임과 신체 언어가 풍부하게 나오는 연극임을 가리킨다.

● 오늘날의 〈맥베스〉

〈맥베스〉는 무대상연과 더불어 여러 차례 영화화되었다. 그 가운데는 로만 폴란스키 감독의 〈맥베스〉(1971)와 일본의 구로사와 아키로 감독의 〈피의 왕좌(王座)〉(1957)도 포함된다. 희곡의 뚜렷한 개요에도 불구하고, 이 작품은 연출하는 데 어려움이 있다. 첫째는 초자연적 요소들, 특히 마녀들과 단검, 뱅코의 망령 등의 역할과 그것들을 무대에 올리는 방법이다.

마녀들은 매우 중요한 요소다. 1막 3장과 4막 1장의 예언들은 맥베스에게 행동 동기를 제공하고 있기 때문이다. 뱅코가 1막 3장에서 마녀들의 외모에 관해 실마리를 제공한다. "저렇게도 말라빠지고, 옷차림은 괴상하고, 지상에서 살고 있지 않은 것 같은데, 그래도 저기 있잖은가? … 부르튼 손가락을 다들 저마다 시들어 빠진 입술에 갖다 대는구나, 여자 같이 보이는데 수염이 나 있으니 잘 알 수가 없군." 하지만 그들은 할로윈(만성절) 때 아이들이 입는 것 같은 의상을 입을 필요는 없다. 사라지는 능력을 가진 그들은 엘리자베스 시대의 복잡한 무대 장치들을 이용해 날아다녔을 것이다. 그러나 지금은 그럴 필요가 없다. 사라지는 기교를 다른 방법으로 연출할 수 있기 때문이다. 얇은 커튼을 이용하면 된다. 이 막은 조명에 따라 투명하거나 불투명해질 수 있다. 또한 시각적인 영상을 보내거나 화면에 나타나지 않은 목소리로 처리할 수도 있다.

3막 4장에 나오는 뱅코의 유령은 대사를 한 마디도 하지 않는다. 오늘날 이것은 간단히 조명효과와 함께 불어오는 바람으로 처리할 수 있다. 이런 처리는 남편의 반응에 대한 맥베스 부인의 불신을 강조할 수 있다. 그녀는 남편이 뱅코의 유령을 믿는 것을 공중에 떠 있는 단검을 보았다고 한 것과 비교한다. 여기서 한 가지 의문이 제기된다. 이런 효과들을 관객에게 보이도록 연출해야 하는가 하는 문제다. 그렇게 하면 연극의 심리적인 사실주의를 증대시켜주기는 하겠지만 관객들이 맥베스를 환각의 희생자로 볼 수도 있다. 그러나 마녀들은 실재하는 존재다. 뱅코도 보기 때문이다.

주요 주제

고대 그리스인들의 비극에 대한 관념은 왕이나 영웅 같은 위대한 인물이 야심과 오만함 때문에 수치스러운 지위로 전락하는 것과 관련 있었다. 그들은 오만한 행위가 무서운 복수로 벌을 받는다고 믿었다. 비극의 주인공은 동정은 받지만, 반드시 용서받지는 않고 종종 처절한 결과로 막을 내린다. 반면에 기독교 세계의 연극은 언제나 희망의 빛줄기를 제공한다.

●인간의 타락

〈맥베스〉는 기독교 세계의 가장 큰 비극, 즉 인간의 타락을 반영하는 요소들을 보여준다. 창세기에서는 마음 약한 아담이 아내의 설득에 넘어가 오만해져 자기도 '신의 역할을 할 수 있다'고 생각한다. 그러나 이 이야기는 희망의 여지를 제공한다. 예수 그리스도가 와서 인류를 구원할 것인데, 인류가 자유의지로 잘못된 선택을 했기 때문이다. 기독교적으로 볼 때, 맥베스는 비록 폭군이고 범죄를 저질렀지만, 하늘나라에서의 구제로부터 완전히 배제된 것은 아니다.

●운(運), 운명, 자유의지

운은 기회의 다른 말이다. 인간사(人間事)에 대한 고대인들의 견해는 '운의 수레바퀴'로 언급될 때가 많았다. 운의 수레바퀴에 따라 인간의 삶이 일종의 제비뽑기와 같이 돌고 돈다는 생각이었다. 누구나 수레바퀴의 꼭대기에 올라가서 우월성의 이점을 누릴 수 있으나, 잠시라는 것이다. 예측하지 못하게 위아래로 움직임에 따라 수레바퀴 밑에 깔릴 수도 있기 때문이었다.

반면에 운명은 고정된 것이다. 숙명론에 따르면 삶의 길이와 결과는 외적인 힘에 의해 미리 정해진다. 〈맥베스〉에서 마녀들은 이 운명의 영향을 대리한다. 이 연극은 하나의 중요한 구분을 짓는다. 즉, 운명은 미래의 일을 지배하지만, 그 운명이 어떻게 오는지에 대해서는 가능성을 열어놓았다. 기독교 세계에서 그것은 인간 자신의 선택과 자유의지의 문제다.

맥베스는 왕이 될 것이라는 말을 들었지만, 어떻게 그 자리에 오르게 될지는 듣지 못한다. 그가 왕이 된 것을 비난할 수는 없다.(그것은 그의 운명이다.) 그러나 그가 거기 이르기 위해 선택한 길은 비난할 수 있다.(그의 자유의지가 선택한 것이므로.)

●왕권과 자연의 질서

〈맥베스〉는 명예와 윗사람에 대한 충성심이 절대적인 사회를 무대로 하고 있다. 이 위계질서의 맨 꼭대기는 지상에서 하느님을 대리하는 왕이 차지하고 있다. 다른 상관관계도 역시 충성심에 좌우된다. 전쟁터에서는 전우애, 손님에게는 친절, 부부 사이에는 성실성이 바로 그것이다. 이 연극에서는 모든 관계가 궤도를 이탈하거나 파괴된다. 맥베스 부인의 내주장(內主張), 맥베스의 시역, 전우애와 가족적 유대의 파괴 등이 모두 자연적 질서에 역행한다.

중세와 르네상스 시대의 세계관은 지상의 질서, 이른바 소우주와 더 큰 우주질서, 즉 대우주 사이의 관계를 본다 따라서 레녹스와 노인이 태풍, 지진, 한낮의 암흑 등등 우주의 자연 질서가 무섭게 변하는 것을 얘기할 때, 맥베스가 자신의 소우주에 가져온 자연 질서의 파괴를 반영하는 것이다.

이 부분은 원작에 대한 이해력을 테스트하는 난입니다. 다음의 세 가지 코너를 차례로 끝내면, 〈맥베스〉에 대한 포괄적이고 의미 있는 파악이 가능해질 것입니다.

A   다음 질문에 알맞은 답을 고르시오.

1. 운명의 자매들은 맥베스에게 무엇을 약속하는가?
   a. 스코틀랜드 왕국
   b. 영생
   c. 전투에서의 승리

2. 맥베스가 맬컴을 부러워하는 이유는?
   a. 그가 더 훌륭한 군인이기 때문에
   b. 그가 던컨 왕의 아들이기 때문에
   c. 왕위의 계승자로 지명되었기 때문에

3. 맥베스가 던컨을 죽이지 않으려는 이유는?
   a. 던컨이 그의 손님이니까
   b. 던컨이 그의 아저씨이니까
   c. 던컨이 자기보다 더 강하니까

4. 맥베스 부인은 남편을 무엇이라고 비난하는가?
   a. 연약한 군인
   b. 겁쟁이
   c. 나쁜 왕

5. 맬컴과 도널베인이 달아나는 이유는?

    a. 부왕을 살해했다는 누명을 쓸까봐 두려워서

    b. 맥베스가 다음에는 자기들을 죽일 것으로 생각해서

    c. 잉글랜드 군대와 손을 잡기 위해서

6. 맥베스는 자객들을 어떻게 설득하는가?

    a. 그들에게 보상해 주겠다고 한다.

    b. 대장부답지 못하다고 꾸짖는다.

    c. 그들을 처형하겠다고 위협한다.

7. 맥베스 부인은 만찬에서 보인 남편의 이상한 행동을 어떻게 설명하는가?

    a. 어떤 병 때문이라고 설명한다.

    b. '광란초'를 먹었기 때문이라고 말한다.

    c. 새로 얻은 권력에 몰두해서 그렇다고 말한다.

8. 다시 마녀들을 찾아간 맥베스가 마지막으로 본 이상한 광경은?

    a. 피범벅이 된 아이

    b. 왕들의 행렬

    c. 나무들의 행렬

9. 맬컴은 맥더프의 지지를 얻으려고 어떻게 하는가?

    a. 맥더프에게 그의 가족이 살육되었다고 말해 준다.

    b. 자기가 맥베스보다 더 훌륭한 왕이 될 것이라고 주장한다.

    c. 왕이 갖춰야 할 덕성이 없다는 이야기는 거짓말이었다고 밝힌다.

10. 맥더프는 가족이 살해된 소식을 어떻게 받아들이는가?

    a. 눈에 띄게 당황한다.

    b. 자책한다.

    c. 맥베스에게 복수하겠다고 맹세한다.

정답: 1. a 2. c 3. a 4. b 5. a 6. b 7. a 8. b 9. c 10. a, b, c

B 원작에서 다음 인용문을 찾아 그 장면에 대해 설명하시오.

1. 만세, 맥베스! 만세, 글래미스 영주!

2. 사악한 마음을 돕는 악령들아, 나의 이 여자의 마음을 앗아가고, 이 머리 꼭대기에서 발끝까지 무서운 잔악으로 가득 채워다오!

3. 글래미스는 잠을 죽였다, 그러니까 코더는 영영 못 잔다, 맥베스는 영영 못 잔다!

4. 왕은 이쪽에 쓰러져서 은빛 피부에는 금빛 핏발이 무늬 놓여지고

5. 간밤의 사건도 그렇습니다만, 자연의 이치에 어긋나는 일들뿐입니다.

6. 어차피 여기까지 핏속에 발을 들여놓고 보니 진퇴유곡, 차라리 저지하는 길밖에 없소.

7. 제길, 이 행렬은 최후의 심판 날까지 계속될 참이냐?

8. 허나 내게는 그러한 왕자다운 미덕은 전혀 없소.

9. 나의 귀여운 병아리와 어미 닭을 단번에 죄다 채 가다니?

10. 사기꾼 악마들 같으니, 이젠 더 누가 믿을까 보냐.

모범답안: 1. 마녀들이 맥베스에게 첫 예언을 들려준다.(1막 3장) 2. 맥베스 부인의 독백. 악마에게 자신의 여성적인 마음을 가져가 달라고 빈다.(1막 5장) 3. 맥베스가 아내에게. 그의 양심이 그렇게 말하는 것처럼 들린다고 설명한다.(2막 2장) 4. 맥베스가 자기 아내, 맥더프, 맬컴, 도널베인, 레녹스, 뱅코 등이 모인 자리에서 던컨 왕의 침실 경비병들을 죽여버린 일을 정당화하는 말.(2막 3장) 5. 노인이 레녹스에게 자기 의견을 밝히는 말. 자연계의 정상적인 움직임이 뒤집어졌다며.(2막4장) 6. 맥베스가 아내에게. 맥더프의 처자를 죽이려고 계획하면서.(3막 4장) 7. 맥베스가 마녀들에게. 플리언스를 이을 왕들의 행렬이 끝없이 이어질 것이냐며 두려움을 나타내고 있다.(4막 1장) 8. 맬컴이 맥더프의 충성심을 시험해 보기 위해 하는 말.(4막 3장) 9. 맥더프의 말. 악독한 맥베스가 둥지를 습격해 병아리 같은 아이들과 아내를 학살했다는 소식을 듣고 보인 반응.(4막 3장) 10. 맥베스가 마지막에 자기에게 예언된 운명을 잘못 읽었다고 깨닫는 말.(5막 8장)

C 다음 질문에 대해 간단히 기술하시오.

1. 다음 명제에 의견을 같이하는지, 아닌지 기술하라. "〈맥베스〉는 용기에 관한 희곡으로서 선이 악을 이긴다는 것을 보여준다." 여기서 용감한 행동은 반드시 덕망이 동기가 되어 일어나는 것이 아니라는 점에 유의할 것.

2. 맥베스 부인은 남편의 몰락에 어느 정도 책임이 있는지 기술하고 연극이 진행되면서 부부 관계가 어떻게 변하는지를 논하라.

3. 맥베스는 진정한 비극적인 인물인지 논하라.

4. 일부 평론가들은 문지기 장면이 맥베스 역을 맡은 배우에게 피 묻은 손을 씻을 시간을 주기 위해서만 포함되었다고 주장한다. 이 의견에 동의하는가? 아니면 이 장면이 다른 목적에도 도움이 된다고 생각하는가?

5. 이 희곡을 읽으면서 셰익스피어는 선량한 왕의 자질로 어떤 것을 생각했는지 기술하라. 던컨과 맥베스는 이 역할에 얼마나 적합한가? 맬컴은 어떨 것인가?

6. 셰익스피어가 초자연적인 요소를 어떻게 이용하고 있는지 기술하라. 마녀들, 단검, 뱅코의 유령, 노인의 관찰을 포함할 것.

인생, 그 무시무시한 사소한 것들 ○

실전 연습문제 ○

一以貫之는 '논어'에 나오는 말로 '모든 것을 하나의 이치로 꿴다'는 뜻입니다.

논술의 주제와 문제 유형, 제시문들은 참으로 다양하고 가지각색입니다. 그러나 그 모든 것을 하나로 꿸 수 있습니다. '인간사회의 보편적 문제들에 대한 근원적인 물음에 답하는 자기 나름의 견해'라는 것이지요. 논술은 인간이면 누구나 부닥치는 개인적 또는 사회적 문제들에 대한 자기 나름의 고민이자 성찰입니다. 논술은 자기견해, 자기 가치관, 자기 삶에 대한 솔직한 고백입니다.

一以貫之 논술 연구모임은 '자신의 물음'과 '자신의 생각'을 갖고 '자신의 글'을 쓸 수 있도록 도와줍니다.

〈집필진〉
우한기, 이호곤, , 박규현, 김법성, 김재년, 김병학, 도승활, 백일, 우효기, 조형진

인생, 그 무시무시한 사소한 것들

갈 데까지 간 사나이, 맥베스

혹시라도 '갈 데까지 간'이라는 말에서 장난기를 느끼는 독자들을 위해 몇 마디 해야겠다. 나는 이 글을 쓰면서 판에 박힌 얘기를 피하고 싶었다. 이를테면, 들끓는 야망을 택하여 패망한 사나이라는 둥, 왕을 죽임으로써 자연의 질서를 파괴한 사람이라는 둥 하는 것들 말이다. 물론 그런 비평이 잘못됐다는 건 아니다. 그러나 나는 고전을 늘 '지금-여기의 나'로 읽고 싶다. 따라서 제임스 왕 통치 시대를 전제로 한 그런 접근은 달갑지 않다.

첫 제목에서부터 내가 만난 맥베스를 담고 싶었다. 그렇게 해서 뽑은 게 이 모양이다. 나로서도 당황스러운 제목이다. 나름의 이유는 이렇다. '갈 데까지 간'이라는 말은, 맥베스 스스로 그 빤한 결말을 알면서도 끝까지 밀어붙였다는 점을 담고 있다. '사나이'라는 말은, 그가 그 어줍잖은 '사나이', '남자다움'에 떠밀려 기어이 인간이기를 포기하고 말았다는 걸 드러내려는 표현이다. 이럴 때 맥베스는 무언가에 저도 모르게 휩쓸린 채 갈 데까지 가는 인생살이를 보여주는 초상이다.

큰 제목으로 택한 '그 무시무시한 사소한 것들'이라는 말은 보르헤스의 〈셰익스피어의 기억〉《보르헤스 전집 5》(민음

사). 191쪽)에서 발견한 말이다. 이 말은 막막하던 내게 하나의 등불이 되었다. 셰익스피어의 다른 작품에도 적용될 수 있겠지만, 나는 〈맥베스〉에 가장 잘 어울린다고 본다. 맥베스라는 인물은 연극에서나 만날 수 있는 특이한 인물이 아니다. 만약 그렇다면 우리는 〈맥베스〉에서 별 감흥을 못 느낄 것이다. 그런데 이 작품은 읽으면 읽을수록 빠져든다. 왜 그럴까? 나는 그 이유를 내 속에서 발견한다. 내가 바로 맥베스다. 내가 그렇게 끝이 빤한 짓에, 참말 사소한 이유로, 어떤 정당성도 모른 채, '이번 한 번만' 하면서 터무니없이 빠져드는 존재다. 어른들이 술 담배를 못 끊는 것도 그렇고, 아이들이 성적에 중독되는 것도 그렇고, 애나 어른 할 것 없이 돈독이 올라 열 올리는 것도 그렇고, 무언가에 중독된 채 '이번 한 번만'을 되뇌고 있는 것이 그렇다. 그리고 그것이 내 삶을 무시무시한 결과로 몰고 간다는 걸 잊고 있다. 언뜻 언뜻 떠올리긴 하지만.

그렇다. 나는 맥베스에게서 '중독' 증상을 본다. 처음 시작하기가 어려웠지, 한 번 빠져들면 더 이상 헤어날 수 없는 권력에 그는 중독되었고, 나 역시 어떤 권력에 중독되어 있다. 그 혼돈스런 마력에 나는 지금껏 도취되어 있었고, 어차피 이리 된 것 갈 데까지 가보자고 다짐하기조차 한다. 그러던 중 만나는 맥베스는 이 도취를 자각하게 하고, 환상에 빠져 있던 나를 도마 위에 올리는 계기가 된다. 고마운 일이다.

작품의 재구성 — 파멸에서 거슬러본 운명

〈맥베스〉는 맥베스와 마녀들의 운명적인 만남에서 시작한다. 마녀들은 그에게 코더의 영주가 될 것을, 나아가 국왕이 될 것을 예언했다. 예언을 듣자마자 그는 코더의 영주가 되었고, 그예 국왕이 되리라 결심한다. 그것은 그에게 주어진 운명의 실현이다. 기다려도 이뤄질 것이라고 생각하지만, 그는 스스로 그 운명을 앞당길 결심을 한다. 그 실행 방법이 비록 악한 것이더라도, 사실 그가 잘못한 것은 별로 없어 보이기도 하다. 어차피 실현될 운명이니까. 그러나 그의 선택은 그를 파멸로 이끌었다. 결국 맥락만으로 따지자면, 그는 운명의 농간에 놀아난 꼴이다. 억울한 일이다.

그러나 과연 이렇게 읽어서 될까? 오히려 이 작품은 완전히 뒤집어 봐야 할 것 같다. 그러니까, 파멸에 이른 맥베스가 바로 그 순간에 그 결정적인 인생의 전환과 이후의 전개를 반추하는 것으로 봐야 한다는 말이다. 모든 것은 '문득' 시작된다. 무엇이 그를 파멸로 이끌었던가? 그것은 잘못된 선택에서 비롯된 것이다. 마녀들의 등장은 그의 선택에 필연성을 주는 것처럼 보였지만, 사실 그 필연성은 그의 믿음일 뿐이다. 애매모호한 선택의 기로에서 그는 그에게 주어진 하나의 행운을 믿고, 그 행운을 더 큰 행운으로 연장하고자 한 것이다. 주변 환경은 장밋빛 미래를 약속하는 듯했고, 그는 그 애매한 희망을 제멋대로 좋게만 해석해서 받아들인 것이다. 반란군에 압승하였고, 행운을 예언하는 마녀와 만났으며, 창졸간에 드넓은 영지와 작위를 부여받았다. 이 예측하지 못한 행운은 그에게 궁극적 승리를 보장하는 근거가 되었다. 그래서 그는 그 행운을 밀어붙이기로 했다. 운명의 신이 그를 택한 것이다.

그런데 당연히 내가 누려야 할 것이라고 본 행운을 맬컴이 가져가버리는 일이 생겼다. 던컨이 아들 맬컴에게 왕위를 물려주겠노라 선언한 것이다. 이미 그 행운을 자기 것으로 삼고자 한 이상, 이제 이 당연한 결정조차 그에게는 부당하다. 따라서 왕 던컨은 죽어줘야 하고, 맬컴을 제치고 그가 당연히 왕이 되어야만 하다. 나약해지려는 그를 아내는 꾸짖는다. 당신도 남자냐고, 사나이가 그 정도 배포도 없이 도대체 뭘 얻겠느냐고. 운명의 필연성을 무로 돌리는 '어리석은' 그에게 아내는 얼마나 든든한 동반자인가. 심지어 아내는 직접 나서서 작전을 진두지휘하기조차 한다. 이 순간만큼은 아내가 곧 '사나이'다. 그래서 그는 결심한다. '이번 한 번만 저지르자'고.

그러나 그렇게 스스로 장만한 운명이었건만, 그 결과는 신통찮다. 끊임없이 죄책감에 시달리는 데다가, 자식 없는 그들로서는 마녀의 예언대로 기껏 얻은 왕좌를 뱅코의 자손들에게 물려주게 생겼다. 이리하여 한 번만으로 끝날 줄 알았던 악업은 뱅코로, 맥더프의 가족으로 연장된다. '악으로 시작된 일은 악으로 다져져야 하는 법'(3막 2장. 이하 3.2)이다. 이렇게 업은 업을 낳는다. 그 업의 끝이 바로 그 자신의 몰락이었다. 그 몰락의 시점에서야 비로소 그는 '애매모호한 말장난'(5.8)에 놀아났음을 깨닫는다. 그러나 운명은 원래 그처럼 애매모호한(equivocate) 것이다. 그것에 필연성을 부여한 것은 어느 누구도 아닌 바로 자기 자신이었다.

이렇게 하나의 행운에 도취되어 운명 전체에 확신을 부여한 영혼은 몰락의 순간에서야 '난쟁이가 거인의 옷을 훔쳐 입은 꼴'(5.2)이었음을 깨닫는다. 그러나 이미 그는 갈 데까지 갔고, 그 역시 그 사실을 잘 안다. 다만 맥베스의 미덕은 스스로가 선택한 운명을 끝까지 밀어붙인다는 점이다. 완벽한 파멸로, 깨끗한 죽음으로 연극의 끝을 장식한다는 점에서 그는 역시 '사나이'답다.

이렇게 재구성해서 읽자, 갑자기 내 삶이 떠오른다. 나 역시 어느 하나의 행운을 지금껏 밀어붙인 건 아닌가. 가령 좋은 대학을 들어갔다고 하자. 그러자 나에게는 확 트인 운명이 기다리는 것 같다. 우연히 주어진 행운인데도, 나는 그것이 마치 나를 위해 예비된 것인 양 여긴다. 그 행운에 감사하기보다는 더 큰 행운을, 아니 더 나은 운명을 당연한 듯 기대한다. 그것이 다가오지 않으면 나 스스로 그것을 쟁취해야만 한다. 행여 그 행운을 남이 가져가기라도 하면, 이내 나는 질투의 화신이 되어 기어이 그를 꺾어야 한다. 그러고선 읊조린다. '이번한 번뿐'이라고. 그러나 그 한 번은 하나의 업이 되고, 그 업은 이어지는 업을 낳는다. 그리하여 돌이킬 수 없어졌을 때, 완전한 파멸이 닥쳤을 때, 지옥의 나락으로 굴러 떨어졌을 때, 죽음을 목전에 뒀을 때, 비로소 뇌까린다. 그것은 '애매모호한 것'이었고, 그것을 선택한 것은 다름 아닌 나 자신이었으며, 이제 남은 것은 파멸로 굴러 떨어지는 것뿐이라고. 아니다. 맥베스처럼 그렇게 용감하지도 않다. 그저 억울해 하고, 후회하고, 시대를, 환경을, 주변인을 탓하면서 쇠락하는 게 보통이니까.

'이번 한 번만'은 없다. 그것은 언제나 '갈 데까지'로 이어진다.

같기도 하고, 아닌 것도 같고

우리는 〈맥베스〉에서 수많은 애매모호함을 만날 수 있다. 이럴 수도 있고 저럴 수도 있다. 숨김이 드러냄이고 드러냄이 숨김이다. 밤은 휴식의 시간이기도 불면의 시간이기도 하다. 아이가 어른이고 어른이 아이다. 여자가 남자일 수도 남자가 여자일 수도 있다. 반역자를 처단한 충신 맥베스가 반역자가 되고, 왕이 된 반역자를 처단한 맥더프는 고스란히 맥베스다. 뱅코의 아들을 죽이고자 한 맥베스만이 아이를 죽인 자가 아니다. 제 새끼 죽을 줄 뻔히 알면서도 혼자 도망친 맥더프 역시 아들을 죽인 자다. 이 수많은 뒤엉킴은, 그러나 정말이지 사소하리만치 순간적인 선택으로 문득 갈라지고, 그로써 모든 것이 시작된다.

(1) 겉과 속

던컨 왕이 반역자 코더와 맥베스를 평가하는 말은 참으로
아이러니하다.

사람의 얼굴만 보고는 그 마음을 알아낼 수 없는 일이로다. 나는
그를 매우 신임했었는데.
오 고귀한 친척이여!(O worthiest cousin!)(1,4)

그는 코더의 겉모습에 속았다. 그런데 또다시 그는 맥베
스의 겉모습, 즉 친척이며 자기를 위하여 전쟁에서 큰 공을 세
운 것에 반해 극찬을 한다. 던컨 왕이 맥베스의 집으로 행차할
것이라고 하자, 맥베스는 먼저 집에 가 왕의 행차를 알려 아내
를 기쁘게 하겠다고 말하여 왕을 흡족하게 한다. 그러나 그가
아내에게 말하려는 것은 왕을 죽일 기회가 왔다는 사실이다.
맥베스의 아내는 왕의 시해를 망설이는 맥베스의 표정을
보고 이렇게 말한다.

당신의 얼굴은 뭔가 의심스러운 내용이 들여다보이는 한 권의 책
과 같습니다. 이 세상을 속이려면 이 세상 사람과 똑같은 표정을 지으
세요. 눈동자와 손과 혀끝에 반가운 기색을 띠세요. 겉으로는 청순한
한 떨기 꽃처럼 보이되, 속에다가 뱀을 숨기세요.(1,5)

　이처럼 '부자연스러운' 짓을 저지르려면 평소와 다름없이 '자연스러운' 표정을 지어야 한다. '부자연스러운 자연스러움!' 이렇게 겉모습은 내면을 은폐하는 강력한 수단이 된다. 맥베스가 사는 성의 풍경에 대한 던컨의 평가 역시 아이러니하다. 그는 "이곳은 공기가 맑고 상쾌해서 사람의 마음을 부드럽게 해준다"(1.6)고 한다. 그러나 천국과 같은 그곳은 그를 위해 예비된 죽음의 장소일 뿐이다. 갈등하던 맥베스는 이윽고 "밝은 표정을 하고 모든 사람들을 속이는 거요. 마음속의 흉악한 생각은 가면으로 감추고 말이오"(1.7)라고 말함으로써 결의를 다진다.

　사람들이 왕의 죽음을 발견한 후 맥베스가 보이는 호들갑은 가면의 절정, 은폐의 과잉이라고 할 만하다.(2.3) 그러나 정작 던컨의 아들들은 어리둥절할 뿐이다. 이때 맬컴은 동생 도널베인에게 이렇게 말한다. "왜 우린 입을 다물고 있는 거지? 누구보다도 우리에게 가장 관계 깊은 일인데 말이야."(2.3) 이처럼 정작 자기 일이 닥쳤을 때 사람들은 '자연스러운 부자연'을 보인다. 가면을 쓰지 않은 모습은 이처럼 겉보기에 어색하다. 그러나 맬컴과 도널베인은 이미 여기에 큰 음모가 도사리고 있다는 것, 그리고 거기에는 맥베스가 관여해 있다는 것을 간파한다. 몰래 도망가면서 나눈 그들의 대화가 이것을 보여준다.

마음에도 없는 슬픔을 겉으로 나타내는 일은 위선자들에게 쉬운 일이지.

이곳에는 사람의 웃음 속에도 단검이 숨어 있을 것입니다.(2.3)

그렇게 성공적인 것처럼 보였던 가면 쓰기는, 그러나 실패하고 만다. 그리고 그 폭로자는 다름 아닌 당사자, 곧 맥베스와 그 부인이다. 살해 직후 맥베스는 아내에게 '이 손이 오히려 굽이치는 푸른 바닷물을 붉은 핏빛으로 물들여, 푸른 물결이 주홍빛으로 변해 버릴 것'이라고 한다. 아니나 다를까, 맥베스는 던컨 살해에 이어 뱅코를 죽이지만 그 자신의 표정을 평소대로 유지하는 데 실패한다. 그 앞에 나타난 뱅코의 유령을 견디지 못하는 것이다. 수많은 사람들이 지켜보는 앞에서 공포에 질려버리는 그의 모습은, 어쩌면 가장 자연스럽다. 그렇게 내면의 은폐는 그 스스로의 겉모습으로 인해 폭로되고 만다.

그러면 그토록 대범해 보였던 맥베스 부인은 어떠한가. 그녀는 살해 직후에 "약간의 물이 우리의 핏자국을 깨끗이 씻어줄 거예요"(2.2)라고 말한다. 그녀는 여전히 겉모습만 평소대로 하면 속을 감출 수 있다고 믿는다. 그러나 그녀는 이후 몽유병에 걸려서 그녀를 지켜보는 시의와 시녀 앞에서 그 내면을 고스란히 드러낸다.(5.1)

비단 맥베스 부부만이 가면 쓰기를 하는 것은 아니다. 맬컴은 자기의 악독한 내면을 거짓으로 드러냄으로써 맥더프의 진심을 떠본다. 맥더프의 충성을 확인한 그는 "나 자신에게 퍼부었던 모욕과 비난도 나의 본성과는 무관함을 이 자리에서 맹세하겠소"(4.3)라고 말한다. 맥더프 역시 맬컴에게 충성스런 모습을 보이고 있긴 하지만, 그의 충성은 처자식을 죽음으로 내모는 결과를 동반한 것이다. 그렇다면 그의 충성의 끝은 어디일까? 혹시 그와 맬컴의 관계는 맥베스와 던컨 왕의 관계를 반복하는 것은 아닐까?

이처럼 이 작품 속에 등장하는 모든 인물은 가면을 쓰고 있다. 그 가면은 본성을 가리는 데 동원된다. 그 연극을 통해 그들은 서로를 속이고 감시하고 확인한다. 마치 우리가 매일 그러는 것처럼.

(2) 밤의 이중성

이 작품에서 지배적인 시간적 배경은 밤이다. 이 밤은 맥베스와 그 부인의 살인행위를 감춰주는 장막과 같은 구실을 한다. 맥베스 부인의 대사는 특히 이것을 잘 보여준다.

오너라, 캄캄한 밤이여, 그리하여 지옥의 검은 연기로 몸을 감싸라. 나의 날카로운 칼에 찔린 상처가 보이지 않도록. 하늘이 검은 장막을 헤치고 고개를 내밀며 "멈춰! 기다려라!" 하고 외치지 않도록.(1.5)

이 검은 장막 속에서 자연의 질서는 뒤집힌다. 올빼미 울음소리가 밤새껏 들리고, 대지가 열병을 앓는 것처럼 진동한다.(2.3) 하늘 높이 솟아 있던 매가, 쥐를 잡아먹은 부엉이의 습격을 받아 죽는다.(2.4) 신하가 왕을, 친구가 친구를 죽이는 질서의 파괴가 자행되는 시간인 것이다.

그러나 밤은 다른 한편으로는 이 모든 것을 비추고 드러내는 시간이기도 하다. 던컨 왕이 아들 맬컴에게 왕위를 계승하겠다고 선포하면서 '별처럼 모든 공신들 위에 그 영광의 깃발이 빛나게 될 것'(1.4)이라고 하자, 맥베스가 곧이어 "별들이여, 빛을 감추어라!"라고 말하는 것은 이것을 암시한다. 그가 은폐하고 싶은 일들은 별들마저 빛을 감춘 캄캄한 밤에만 가능한 일이다. 그러나 밤은 달과 별을 마련해 둔 시간이기도 하다. 비단 달과 별만이 그러한 것은 아니다. 맥베스의 유명한 '단검의 환영' 대사에는 이런 말이 나온다.

요지부동인 대지여, 내 발길이 어디로 향하건 그 소리를 듣지 마라. 발아래 밟히는 돌들이 행여 나의 소재를 알릴까 두렵다. 이 시간의 발아래 밟히는 돌들이 행여 나의 소재를 알릴까 두렵다. 이 시간의 처참한 고요를 깨뜨리지 마라.(2.1)

이처럼 밤은 달과 별, 발에 밟히는 돌들의 아우성 따위로 인해 은폐를 불가능하게 하는 시간이기도 한 것이다.

아울러 밤은 새벽을 준비하는 시간이다. 맥베스는 뱅코의 망령에 시달려 연회를 망친다. 이때 아내는 동석한 귀족들더러 이만 돌아가시라면서 이렇게 말한다.

퇴장하는 순서는 신경 쓸 필요 없습니다.(3.4)

이 퇴장하는 순서란 귀족의 위계질서와 연관된다. 그들의 좌석은 그들의 서열에 따라 배치된다. 그것은 곧 밤에 이룬 맥베스의 질서다. 따라서 퇴장 순서가 무너진다는 것은 맥베스의 질서가 붕괴된다는 것을 뜻한다. 이렇게 밤에 이룬 새로운 질서는 똑같은 밤에, 그 스스로에 의해 무너진다. 아울러 이것은 밤의 종말, 곧 새벽의 임박을 의미하는 것이기도 하다. 귀족들이 퇴장한 후 맥베스와 아내가 나눈 대화를 보라.

밤이 얼마나 깊었소?
밤인지 새벽인지 분간하기 어려운 시각입니다.(3.4)

이렇게 밤은 파괴와 창조, 그리고 새로운 파괴와 창조를 마련하는 이중적인 시간이다.

한편 밤은 휴식의 시간이다. 맥베스는 던컨을 죽인 후 "이젠 잠을 잘 수 없다! 맥베스가 잠을 죽여버렸다"(2.2)는 소리를 들었다고 말한다. 그는 대자연이 베푼 가장 큰 축복인 잠의

은총을 없애버린 것이다. 이제 그에게 밤은 평화의 죽음이요, 새로운 악행을 벌여야만 하는 시간이다. 그러므로 맥베스는 그 자신이 밤이다. 그는 잠을 죽임으로써 영원한 밤을 살 수밖에 없는 존재다. 밤에 잠자지 못하는 것은 아침을 맞이하지 못하는 것이기 때문이다. 밤의 사나이, 어둠의 사나이. 따라서 그의 아침은 그의 죽음의 시간이기도 하다.

그토록 씩씩해 보였던 그의 아내마저 밤을 잃어버렸다. 그녀는 어둠을 두려워하여 잠자리에 들어서도 늘 촛불을 켜놓아야만 하고, 잠자면서도 눈을 뜨고 있다. 그러면서 마냥 손을 닦고 있다. 그토록 은폐하고 싶었던 피 묻은 손을, 눈을 뻔히 뜨고 매일 밤 지켜보아야만 한다.(5.1)

결국 밤은 은폐와 드러냄, 휴식과 불면으로 뒤엉킨 시간이다. 그것은 위대한 창조의 시간이기도, 끔찍한 파멸의 시간이기도 하다. 달콤한 죽음의 시간이기도, 끔찍한 삶의 시간이기도 하다. 그리고 이 모든 것은 단 한 순간의 선택으로 좌우되는 것이다.

(3) 남자 같은 여자

〈맥베스〉에서 가장 주목할 만한 인물을 꼽으라면 대다수가 주저 없이 맥베스 부인(Lady Macbeth)을 들 것이다. 그녀의 대사 하나하나는 끊임없이 맥베스를 질책하고 격려한다. 한 마디로 '남자 같은 여자'다. 그러나 이 작품에서의 '남자다움'은 사실은 철저한 가부장성이라 할 수 있다. 그녀의 입을 통해 나오는 남자란 목적을 향해 무자비하게 나아가는 인간이다. 자신의 나약한 성격을 극복하고, 필요하다면 살인까지도 마다하지 않는 모습, 바로 그것이다.

그러나 저는 당신의 성격이 걱정되는군요. 일을 급작스럽게 처리하기에는 인정이라는 달콤한 젖으로 너무 가득 차 있는 게 당신의 흠이지요. … 야심이 없는 것도 아니면서 그 야심을 성취하기 위한 잔인성이 당신에게는 없어요. 당신은 높은 포부를 가지고 있으면서도 그 일을 성스럽게 하려고만 들죠. 무엇이든 손아귀에 넣으려고는 하면서도 잘못은 안 저지르려고 하죠. … '얻고 싶으면 단행히리'고 말입니다. 당신 스스로는 하기를 꺼리지만 결국 그 일을 하게 될 것입니다.(1.5)

이런 그녀의 재촉에도 맥베스가 머뭇거리자, 이윽고 그녀는 '오늘 밤의 큰일은 저에게 맡겨'(1.5) 달라고 요구한다. 남자답지 못한 남편을 대신해서 스스로 '남자'가 되겠다는 것이다. 이어지는 그녀의 대사는 실로 섬뜩하다.

이 순간 나를 여자가 아니게 해다오.(1.5)
자, 오너라, 살인마들이여, 내 품안으로 와서 내 젖을 담즙으로 바꾸어다오.(1.5)
자기 자신을 초월할 수 있을 때 당신은 더욱 남자다워질 수 있어요. … 저도 아기에게 젖을 먹여본 적이 있죠. 그래서 젖을 빠는 아기가 얼마나 사랑스러운지 알고 있답니다. 그러나 만약 제가 그때의 당신처럼 맹세했다면 갓난아기가 나를 쳐다보며 웃고 있을지라도 당장 보드라운 그 입에서 젖꼭지를 빼버리고 아기의 머리통을 박살낼 수 있어요.(1.6)

그녀의 남성상은 생명을 살리는 젖을 죽이는 젖으로 삼는 것이고, 젖꼭지를 빼버리고 아기의 머리통을 박살낼 수 있는 모습이다. 이후에도 맥베스가 뱅코의 환영에 시달릴 때 그녀는 남편더러 "그러고도 당신이 사내예요?"라고 꾸짖는다. 이런 그녀를 보고 맥베스는 "당신은 사내아이만 낳을 거요!"(1.7)라고 읊조린다. 그러나 이런 맥베스 부인도 (왜곡된) 여성의 모습을 언뜻언뜻 보인다. 그녀가 망설이는 맥베스 대신 직접 던컨을 죽이지 못한 이유는, 잠든 그의 모습이 '내 아버님의 얼굴'을 닮았기 때문(2.2)이다.

물론 맥베스 부인만이 왜곡된 가부장제에 물든 것은 아니다. 맥더프가 거짓으로 자신의 음탕함을 꾸미는 맬컴에게 하는 말은 '왕에게 기꺼이 몸 바칠 여자는 얼마든지'(4.3) 있다는 것이다. 그는 맬컴에게 '사나이답게' 조국을 구하기 위해 궐기하자고 하고, 맬컴은 처자가 죽었다는 소식에 침통해 하는 맥더프에게 '사나이답게' 슬픔을 이기라고 권유한다. 도대체 이런 '사나이다움'을 통해 셰익스피어는 무엇을 말하고 싶은 것일까?

언뜻 보기에는 철저하게 가부장성에 물든 당시대인의 생각을 대변하는 것 같기도 하다. 그러나 거꾸로 해석할 수도 있지 않을까? 그가 맥베스 부인을 통해 당시의 남성상, 남성다움을 드러냄으로써 뒤틀린 가부장 질서를 폭로하고자 한 것이라 볼 수도 있다는 말이다. 그렇다면 맥베스 부인은 그 왜곡된 남성상이 어떻게 인간을 파멸로 이끄는가를 보여주기 위한 장치일 수도 있다.

이 왜곡된 남성상은 오늘의 여성들이 보이는 모습과 닮아 있다. 다른 사람 위에 군림하는 자리에 오르는 것을 남녀평등의 실현으로 생각한다든가, 자식과 남편의 성공을 위해 물불을 가리지 않는 모습 같은 것이 그렇다. 그러나 그것은 ‘남성’만이 완전한 인간이라는 식의 발상을 바탕에 깔고 있다. 그리고 그것은 인간이기를 포기하는 짓이기도 하다.

그 무시무시한 사소한 것들

〈맥베스〉에서 가장 의아한 대목은, 맥베스나 그의 아내나 “왜 내가(남편이) 반드시 왕이 되어야 하는가?”라고 묻지를 않는다는 점이다. 뭐, 이유는 있다. 마녀가 그렇다고 말했으니까. 그것뿐이다. 던컨이 잘못한 것도 없다. 그의 아들 맬컴이 왕이 되지 말아야 할 이유도 없다. 그런데도 맥베스는 자기가 왕이 되어야만 할 것처럼 아내에게 말하고, 아내는 왕이 될 남편이 용기를 내지 않는다고 타박만 한다. 그런 한, 던컨이든 맬컴이든 뱅코든 간에 모두가 내 자리를 노리는 자가 된다. 이들은 부당한 침탈자들인고로 당연히 제거 대상이다.

바로 이것이 〈맥베스〉를 읽으면서 우리가 몇 번이고 곱씹어야 할 대목이다. 우리가 바로 이 꼴이니까. 어느 누구도 "왜 내가 반드시 ○○대를 가야 하지?", "왜 내 아들(딸)이 반드시 의사(판검사)가 되어야 하지?", "왜 누구누구가 잘 나가는 직업을 가지면 안 되지?"라고 묻지를 않는다. 나는 당연히 좋은 대학을 가야 하고, 내 자식은 당연히 잘 나가야 하고, 내가 하는 일은 당연히 성공해야 한다. 다른 사람이 그 자리를 차지하면 안 된다. 왜냐? 그건 내 자리이므로. 왜 내 자리여야 하지? 그건 운명이므로. 그러나 그놈의 운명이란 게 대체 뭔가?

〈맥베스〉의 첫 장면은 황야다. 그 황야에서 마녀 셋이 논다. 이들이 곧 운명의 여신들이다. 그들은 노래한다.

"아름다운 것은 더러운 것, 더러운 것은 아름다운 것."(1.1)
"돌고 돌자, 돌아라, 돌아라."(1.3)

날씨는 흐렸다 개었다 제멋대로다.(1.3) 이런 애매모호한 황야에서, 맥베스와 뱅코는 '여자 같긴 한데, 수염 난 것을 보면 또 그렇지만도 않은' 마녀들과 만난다. 거기서 절로 환호성을 지를 만한 예언을 듣는다.

바로 이것이 운명이다. 그것은 말 그대로 애매모호한 것이다. 천변만화(千變萬化)하는 황야 같은 인생살이에서 아름답다가 더러워지고 더럽다가 아름다워지기도 하는 삶과 맞닥뜨리는 것이다. 돌고 돌고 도는 것, 이것이 운명이다. 그러므로 가장 빛나는 미래(아름다운 것)를 꿈꾸면서도 가장 처참한 삶(더러운 것)을 대비할 줄 알아야 한다. 그 빛나는 미래를 '가장 더러운 방법으로'(3.1) 이룬다면, 그 빛나는 영예는 졸지에 가장 더러운 오욕의 이름으로 전락할 수 있다. 거꾸로 처참한 자리에서 '가장 아름다운' 삶을 지켜낸다면, 그 더러움이 아름다움으로 돌변하기도 하는 것이다. 따라서 맥베스의 첫째가는 잘못은 운명을 고정시킨 데 있다.

성공에 도취된 그는 이제 운명의 이중성을 볼 줄 모른다. 4막 1장에서 마녀가 그에게 보여준 세 가지 환영은 말로는 성공을 보장하지만, 실제로는 그의 파멸을 보여준다. 첫 번째 환영은 맥더프에게 그의 목이 달아날 것을, 두 번째 환영은 그가 죽인 맥더프의 아들을 대신해서 그 아비가 복수할 것임을, 세 번째 환영은 맬컴이 왕좌를 차지할 것임을 보여주지만, 그는 그의 왕좌가 영원할 것이라고 받아들인다.

그러나 운명은 주어지는 것이지만, 동시에 스스로 선택하는 것이기도 하다. 주어지는 운명은 언제나 애매모호하다. 이것은 마녀의 말에서도 잘 드러난다.

그놈의 배(bark: 영혼)를, 침몰만은 면케 할지라도, 폭풍우에 시달려 몸살이 나게 할 테다.(1.3)

전적으로 운명 때문에 인생이 침몰하는 경우는 없다. 운명은 폭풍우에 시달리게는 할 수 있을지언정 그것으로 끝장나게 하지는 않는다. 침몰하느냐, 되살아나느냐는 전적으로 내 몫이다. 그것은 주어진 상황을 어떻게 해석하느냐에 달려 있다. 똑같은 상황일지라도 누구에게는 성공이지만 누구에게는 좌절일 수 있는 것이다.

만약 맥베스가 코더 영주 자리가 주어졌을 때 감사하는 마음으로, 아니면 행운의 승리 끝에 얻은 것이라고 여겨 부끄러운 마음으로 받아들였다면, 그 운명을 긍정적으로 해석했으리라. 그러나 그는 왕이 될 운명이라고 스스로 확신했기에 결코 그 운명에 순응할 수 없었다. 거기서 머무는 것은 실패한 운명에 굴복하는 꼴이 될 따름이다. 이렇게 주어진 운명을 해석하자, 그는 스스로 추잡한 방법으로 아름다운 운명을 취하는 길로 나아갔다. 그러나 그 선택은 이미-벌써 새로운 운명을 스스로 선택하는 것이기도 하다. 그는 추잡한 운명을 택한 것이다. 마녀들이 보여준 환영은 바로 그가 새로이 선택한 운명이었다.

이리하여 운명은 공평하다. 추잡함 속에서 지켜내는 아름다움은 아름다운 운명으로 이어지지만, 아름다움의 유지를 위해 추잡한 길로 접어들면 그것은 추잡한 운명을 예비하는 꼴이 될 뿐이다. 이것은 정확히 불교에서 말하는 카르마(業)다. 윤회의 사슬, 그것을 반드시 죽음 이후에 이어질 새로운 삶만으로 해석할 일은 아니다. 업은 내가 선택하는 것이고, 그렇게 선택한 업이 새로운 업의 원인이 된다. 그것은 삶의 영역에서도 여전히 작용한다. 윤회란 그 업의 연속을 무한대로 펼쳐서 얻은 결론일 따름이다. 고로 운명을 고정시키는 것, 그것은 우주만물의 이치를 어기는 것이면서 동시에 삶의 복잡성을 놓치고 나다움을 잃게 하는 잘못을 낳는다.

이 애매모호한 운명 앞에서 우리가 깨달아야 할 것은, 이 모든 운명의 결정이 지극히 '사소한' 것에서 비롯된다는 점이다. 주어진 행운 앞에 감사해 하느냐 부족해 하느냐에 따라 모든 것이 결정된다. 이리로 가는가 저리로 가는가, 이 말을 듣느냐 저 말을 듣느냐, 햄릿의 저 유명한 대사인 '이것인가 저것인가'가 내 운명을 가름하는 무시무시한 선택의 기로인 것이다. 그리고 이것은 꼭 거창한 무엇일 이유가 없다. 일상에서 일어나는 그 무수한 선택의 순간순간마다가 모두 운명을 결정짓는 선택의 기로인 것이다. 그러므로 도취와 절망은 위태로움의 시작이다. 예수가 '늘 깨어 있으라'고 말한 이유가 바로 여기 있다.

몸에 맞는 옷 입기

아내가 자살했다는 소식을 들었을 때, 맥베스는 저 유명한 대사를 남긴다.

내일, 내일, 내일이 종종걸음으로 하루, 하루, 하루 속으로 스며들어 시간이라는 마지막 문자의 음절 속으로 꺼져가는구나. 과거의 세월은 등불이 되어 티끌로 돌아가는 죽음의 길을 바보들을 위해 밝히고 있다. 꺼져라, 꺼져라, 잠시 동안의 촛불이여! 인생은 다만 걸어가는 그림자일 뿐. 제시간이 오면 무대 위에서 활개 치며 안달하나, 얼마 안 가 영영 잊혀버리는 가련한 배우, 백치들이 지껄이는 무의미한 광란의 얘기다.(5.5)

맥베스는 불행히도 이 기가 막힌 인생관을 완전히 파멸에 이르러서야 깨달았다. 그는 모든 것을 내일을 위해 바쳤다. 물론 미래를 오늘로 당겨 사는 삶이라면, 그것은 가장 멋진 오늘이 될 것이다. 그러나 맥베스의 삶은, 오늘을 내일의 수단이 되게 만드는 삶이었다. 왜 왕이 되어야 하는지조차 생각하지 못한 채 무조건 왕이 되어야만 한다는 일념만으로 오늘을 살인에 바친 것이다. 그리고 정작 왕이 되자 이제 그의 내일은 뱅코의 후손에게 왕좌를 물려줘서는 안 되는 미래가 되었다. 그리하여 오늘은 다시 내일을 위해 새로운 살인을 저지르는 날이 되었다. 뱅코를 제거하자 이제 그의 내일은 왕좌를 어떻게 유지할 것인가로 바뀐다. 그 결과 또다시 그의 오늘은 내일을 위해 정적을 감시하고 감시하는 날로 바뀌었다. 그렇게 그의 내일이 오늘로 스며들었고, 그리하여 그의 오늘은 영원히 사라졌다. 그의 오늘은 내일의 과거일 뿐이었다.

과거가 되어버린 오늘을 산다는 말은 의미심장하다. 주어진 질서에서 모두가 바라는 어떤 자리만을 바라는 것은 항상 과거를 사는 삶이 되고 만다. 가령 나는 의사(또는 법조인)가 되어야 한다는 희망은 오늘을 미래의 수단이게 한다. 그런데 그 의사라는 것은 이미 주어진 질서에서 품은 희망일 뿐이다. 한 마디로 낡은 희망이라는 것이다. 그리하여 그의 오늘은 과거의 틀 속에 갇힌 날이다. 이런 한, 우리는 언제나 과거의 연장선상에서 미래의 수단일 뿐인 생을 살 수밖에 없다.

이처럼 오늘을 잃어버린 삶은 그야말로 '걸어가는 그림자일 뿐'이다. 그것은 자기를 잃어버린 삶이다. 당연히 더불어 살아야 할 이웃도 잃어버릴 수밖에 없다. '내가 되어야 할 바로 그것'을 잃어버린 삶이다. 맥베스는 한 번도 자신의 내면을 들여다보지 않았고, 그리하여 '자기에게 전혀 어울리지 않는 옷'을 입은 것이다. 그는 주어진 무대 장치 위에서 잠시 활개 치며 떠벌이는 배우로 살았을 뿐이다. 그 배역은 굳이 그가 할 이유가 없다. 그는 그것을 모르는 '백치'로 무의미한 광란의 삶을 살았을 뿐이다.

정작 그가 왕이 되었을 때 그를 기다린 것은 과연 무엇이었던가.

노년에 어울리는 명예나 애정, 복종, 친구들은 나와 인연이 먼 듯하다. 그와는 반대로, 소리는 낮지만 뿌리 깊은 저주와 아첨 그리고 공치사 따위가 붙어 다녀 내가 물리치려 해도 마음이 약해 물리칠 수가 없구나.(5.3)

그가 차지한 자리는 남들이 우러러보기에 훌륭해 보이는 자리였을 뿐이다. 더구나 그것은 원래부터 자기 자리가 아니었다. 따라서 억지로 오를 수밖에 없었다. 그 과정에서 수많은 악행을 저지르게 된다. 당연히 수많은 저주를 들을 수밖에 없다. 그 자리는 높은 자리이기에 아첨과 공치사 이외엔 들을 말이 없는 자리다. 무조건 '예'밖에 말할 줄 모르는 자들이 줄을 선다. 그러므로 그 자리는, 사실은 '아무것도 없는' 자리다.

그토록 공들여 차지한 자리지만, 이윽고 그는 무대에서 내려와야 한다. 다음 이야기는 맥베스 자신이 그의 마지막 연기가 어떠해야 하는지 이미 잘 알고 있음을 보여준다. 이렇게 퇴장의 시간, 파멸의 자리에서 깨닫는다는 것은 확실히 비극이다.

의술 따위는 강아지에게나 던져줘라. 나에게는 필요 없다. 자, 갑옷을 입혀라. 지휘봉을 다오. 시튼, 기병대를 더 보내라. 시의, 영주들이 모두 도망치고 있소. *(시종에게)* 빨리 입혀라. 시의, 그대 힘으로 이 나라의 병증을 진찰하고 병명을 끄집어내어 독을 씻어낸 후 건강한 나라로 만들 수 없소? … *(시종에게)* 갑옷을 벗겨라. 대황이나 완하제, 또는 다른 설사약이라도 써서 영국 놈들을 이 땅에서 모조리 쓸어낼 수 없나?(5.3)

그는 지금 시의와 시종에게 번갈아가면서 마구잡이로 말을 뱉고 있다. 당황한 모습이 역력하지만, 그의 대사는 그 정도가 아니다. 우선 그는 의술이 자기에게 필요 없다고 말한다. 스스로의 힘으로 난국을 타개할 수 있다는 자신감, 또는 만용이다. 그러니 시종에게 갑옷을 빨리 입히라고 재촉하는 것이다. 그러나 그 자신감은 이내 꺾인다. 그는 말을 바꾸어서 시의에게 의존한다. 그에게는 외부의 힘을 빌지 않고서는 이 파국을 막을 방도가 없다. 그래서 시종에게 갑옷을 벗기라고 말하는 것이다. 더 이상 갑옷을 입고 싸울 여력이 그에겐 없다. 이제는 퇴장할 일만 남았음을 그 역시 어슴푸레 짐작한다. 허망한 인생의 종착지, 떠벌이던 배우의 마지막이다.

그러나 맥베스는 확실히 멋진 배우다. 죽음에 임하는 그의 대사는, 그가 길이 기억될 배우라는 걸 인정하게 만든다.

태양을 쳐다보는 일도 이젠 지겨워졌구나. 확고부동한 이 세상의

질서여, 무너져라. 종을 울려라! 바람아, 불어라! 파멸이여, 오라! 갑옷을 걸치고 죽자.(5.5)

그는 종을 울린다. 그가 던컨을 죽일 때 울렸던 바로 그 종소리다. 그는 기꺼이 그 자신의 조종(弔鐘)을 울리고, 스스로의 파멸을 살아생전의 모습으로 맞이한다. 이제 그의 삶은 맥더프로 이어질 것이다. 무언가에 떠밀려 처자식마저 죽음으로 내몬 또 하나의 맥베스에게로. 이리하여 떠밀리는 생들은 반복된다. 그 지긋지긋한 한바탕 소동들 말이다.

이렇게 맥베스의 소동은 끝났다. 그러나 그가 우리에게 준 교훈은 결코 가볍지 않다. 우연히 주어지는 행운 또는 불행에 떠밀리는 생은 그림자일 뿐이다. 고로 우리는 떠밀리지 말아야 한다. 이럴 수도 있고 저럴 수도 있다. 그것은 지극히 사소한 단 한 번의 선택으로 좌우될 수 있다. 그 한 번의 선택은 이후의 선택을 규정하는 것이므로. 따라서 우리는 사소한 선택의 순간을 무겁게 여겨야 한다. 그 순간 이렇게 물어야 한다.

이것이 내게 맞는 옷인가?

과연 이것이 '내가 되어야 할 바로 그것'인가?

나는 어떤 미래를 바라서 이 선택에 임하는가?

이 선택은 내 '지금-여기'의 삶을 행복하게 하는가?

다음 제시문을 읽고 물음에 답하시오.

(1)

그런데 어느 날 줄무늬애벌레는 안간힘을 쓰고 기어가는 다른 애벌레들을 보았습니다. 그들의 목적지가 대체 어디인지 알아보기 위하여 사방을 둘러보았습니다. 그러자 하늘 높이 치솟아 있는 기둥이 하나 보였습니다.

줄무늬애벌레는 그들 틈에 끼어 기어가다가 한 가지 사실을 알아냈습니다. 그 기둥은 꿈틀거리며, 서로 밀치는 애벌레들의 더미라는 사실을 ― 그것은 애벌레들로 이루어진 기둥이었던 것입니다.

애벌레들은 그 꼭대기에 오르려고 애쓰는 것 같았습니다. 하지만 그 꼭대기는 구름 속에 가려 있었기 때문에 거기에 무엇이 있는지 줄무늬애벌레는 알 도리가 없었습니다.

그는 마치 봄철에 솟아오르는 수액모양으로 새로운 흥분을 느꼈습니다.

"어쩌면 내가 찾고 있는 것을 찾아낼 수 있을지도 모른다."

줄무늬애벌레는 설레는 마음으로 다른 애벌레에게 물었

습니다.

"무슨 일이니?"

"나도 지금 막 도착한 걸. 아무도 말해 줄 만한 시간이 없나봐. 저 꼭대기에 오르려고 이렇게들 바빠 야단들이니 말야."

하고 그는 대답하는 것이었습니다.

"도대체 저 꼭대기에 무엇이 있을까?"

하고 줄무늬애벌레는 다시 물었습니다.

"그건 아무도 모르지. 그렇지만 모두들 그곳으로 서둘러 가는 것을 보면 틀림없이 매우 훌륭한 것이 있을 거야. 안녕! 나도 시간이 없어서 그래."

하고는 그도 그 더미 속으로 뛰어들었습니다. 줄무늬애벌레는 새로운 충동으로 머리가 터지는 듯했습니다. 그는 생각을 정리할 수가 없었습니다. 쉴 새 없이 다른 애벌레들이 그의 옆을 지나 그 기둥 속으로 사라져 갔습니다.

"할일이 한 가지밖에 없구나."

하면서 그도 밀치고 들어갔습니다.

(2)

맥베스: 폐하께서는 이번에 나에게 포상을 내리셨소. 뿐만 아니라 모든 사람들로부터 좋은 평판을 들어 이 눈부신 빛깔의 의상을 입게 되었는데 입어 보지도 못하고 내버릴 수는 없지 않소?

맥베스 부인: 지금껏 당신의 몸을 감싸고 있던 것은 술에 취한 희망이었나요? 그래, 그것은 영원히 잠들어 버렸나요? … 앞으로는 당신의 애정도 이런 꼴이 되겠죠? 마음속으로는 바라고 있으면서도 용감하게 행동으로 옮기기는 겁난다는 거죠? 어떤 일이 있어도 인생의 장식품인 왕관을 탈취해야겠다고 생각하면서도, 속으로는 겁쟁이가 되어 단념하고 있는 거죠? '해치우고 말겠다'고 하면서도 결국 '못 하겠다' 하는 것은, 발을 물에 적시지도 않고 고기를 잡아먹으려는 불쌍한 고양이와 같은 생존 방식이에요. … 자기 자신을 초월할 수 있을 때 당신은 더욱 남자다워질 수 있어요. … 저도 아기에게 젖을 먹여본 적이 있죠. 그래서 젖을 빠는 아기가 얼마나 사랑스러운지 알고 있답니다. 그러나 만약 제가 그때의 당신처럼 맹세했다면 갓난아기가 나를 쳐다보며 웃고 있을지라도 당장 보드라운 그 입에서 젖꼭지를 빼버리고 아기의 머리통을 박살낼 수 있어요.

(3)

　　내일, 내일, 내일이 종종걸음으로 하루, 하루, 하루 속으로 스며들어 시간이라는 마지막 문자의 음절 속으로 꺼져가는구나. 과거의 세월은 등불이 되어 티끌로 돌아가는 죽음의 길을 바보들을 위해 밝히고 있다. 꺼져라, 꺼져라, 잠시 동안의 촛불이여! 인생은 다만 걸어가는 그림자일 뿐. 제시간이 오면 무대 위에서 활개 치며 안달하나, 얼마 안 가 영영 잊혀버리는 가련한 배우, 백치들이 지껄이는 무의미한 광란의 얘기다.

〈문제 1〉 제시문 (1)과 (2)를 현대인의 삶과 연관 지어 구체적으로 설명하
시오.(500자)

〈문제 2〉 제시문 (3)의 내용을 과거-현재-미래와 연관 지어 설명하고, 바
람직한 과거-현재-미래의 모습을 제시하시오.(700자)

〈문제 3〉 위의 제시문들과 아래 제시문 (4)를 활용하여 바람직한 인생관
을 논술하시오.(800자)

(4)

"내가 진정 이 세상에서 자라는 것이 무엇일까?"

하고 그녀는 한숨을 지었습니다.

"매 순간마다 그것이 다르게 보인단 말야. 하지만 틀림없
이 그 이상의 것이 있을 거야."

마침내 그녀는 멍하게 되었고 그녀와 친숙했던 모든 것들
에서도 멀어지게 되었습니다.

그러던 어느 날 늙은 애벌레 한 마리가 나뭇가지에 거꾸
로 매달려 있는 것을 보고 그녀는 놀랐습니다. 그는 무슨 실
같은 것으로 묶여 있는 것 같았습니다.

"변을 당하신 모양인데, 제가 도와 드릴까요?"

　　하고 그녀는 말했습니다.

　　"변을 당한 게 아니란다. 한 마리의 나비가 되기 위해서는 이럴 수밖에 없단다."

　　그녀는 가슴이 뛰기 시작했습니다.

　　"나비 — 바로 그 말."

　　하고 그녀는 생각해 냈습니다.

　　"나비가 무엇인지 얘기 좀 해주시겠어요?"

　　"그것은 네가 되어야 하는 바로 그것을 뜻하는 거란다. 그것은 아름다운 날개로 하늘을 날며, 하늘과 땅을 이어주기도 하지. 그것은 꽃에서 나오는 달콤한 꿀만을 마시면서 이 꽃에서 저 꽃으로 사랑의 씨앗을 운반해 주기도 한단다."

　　"나비가 없어지면 따라서 꽃도 자취를 감추게 된단다."

　　"그럴 수가 있나요!"

　　하고 노랑애벌레는 숨을 가쁘게 몰아쉬며 말했습니다.

　　"내 눈에 보이는 것은 한낱 솜털투성이인 벌레뿐인데, 당신이나 내 속에 나비가 들어 있다고 어떻게 믿을 수가 있겠어요?"

　　"어떻게 나비가 될 수 있단 말인가요?"

　　하고 그녀는 생각에 잠긴 채 물었습니다.

　　"그러기 위해서는 애벌레의 상태를 기꺼이 포기할 수 있을 정도로 간절히 날기를 소원해야 한다."

　　"생명을 포기해야 한다는 뜻인가요?"

하고 노랑애벌레는 하늘에서 떨어진 그 세 마리의 애벌레를 생각하면서 물었습니다.

"그렇다고 볼 수도 있고, 그렇지 않다고 볼 수도 있지. 너의 겉모습은 죽게 되지만, 너의 참모습은 여전히 살아남기 때문이다. 말하자면 생활에 변화가 일어난 셈이지. 결코 사라지는 것은 아니야. 나비가 한 번 되어보지도 못하고 죽어버리는 다른 애벌레들과는 다르다고 생각하지 않니?"

하고 그는 대답했습니다.

다락원 명작노트 031

맥베스

펴낸이 정효섭
펴낸곳 (주)다락원

초판 1쇄 인쇄 2007년 3월 16일
초판 1쇄 발행 2007년 3월 22일

책임편집 안창열, 김지영
디자인 손혜정, 박은진
번역 한영탁
삽화 손창복

다락원 경기도 파주시 교하읍 문발리 509-1
Tel:(02)736-2031 Fax:(02)732-2037
(내용문의: 내선 410/구입문의: 내선 113~114)
출판등록 1977년 9월 16일 제300-1977-23호

Copyright © 2007, 다락원

출판사의 허락 없이 이 책의 일부 또는 전부를
무단 복제·전재·발췌할 수 없습니다.
잘못된 책은 바꿔 드립니다.

값 8,500원

ISBN 978-89-5995-146-8 43740

〈행복한 명작 읽기〉는 기초가 약한 영어 초급자나 초, 중, 고 학생들이 보다 즐겁고 효과적으로 명작들을 읽으며 독해력을 키울 수 있도록 개발된 독해력 증강 프로그램입니다.

책의 특징

1 골라 읽는 재미가 있다. 초보자를 위한 350단어 수준에서 중고급자를 위한 1,000단어 수준까지 5단계 구성.

2 단계별로 효과적인 영어 읽기 요령과 영문 고유의 참맛을 느낄 수 있는 장치가 곳곳에.

3 읽기만 해도 영어의 키가 쑥쑥 – 해석을 돕는 돼지꼬리(◟), 영어표현 및 문법 설명, 퀴즈가 왕창.

4 체계적인 듣기 학습까지. 전문 미국 성우들의 생동감 넘치는 원음을 담은 오디오 CD 제공.

✕ 왕초보 기초다지기 ✕

쉬운 영문을 통해 영어 독해에 대한 막연한 두려움을 없앤다.

Grade 1 Beginner — 350 words	Grade 2 Elementary — 450 words
1 미녀와 야수	11 이솝 이야기
2 인어공주	12 큰 바위 얼굴
3 크리스마스 이야기	13 빨간머리 앤
4 성냥팔이 소녀 외	14 플랜더스의 개
5 성경 이야기 1	15 키다리 아저씨
6 신데렐라	16 성경 이야기 2
7 정글북	17 피터팬
8 하이디	18 행복한 왕자 외
9 아라비안 나이트	19 몽테크리스토 백작
10 톰 아저씨의 오두막	20 별	마지막 수업

국판 | **Grade 1, 2, 3** 각권 6,000원
(오디오 CD 1개 포함)

Grade 4, 5 각권 7,000원
(오디오 CD 1개포함)

*어린왕자 8,000원
(오디오 CD 2개 포함)

**고도를 기다리며 9,000원
(오디오 CD 2개 포함)

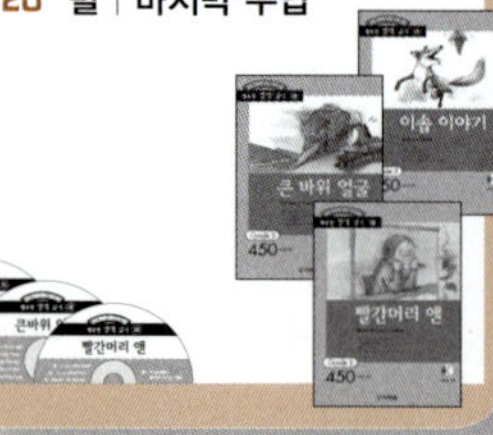

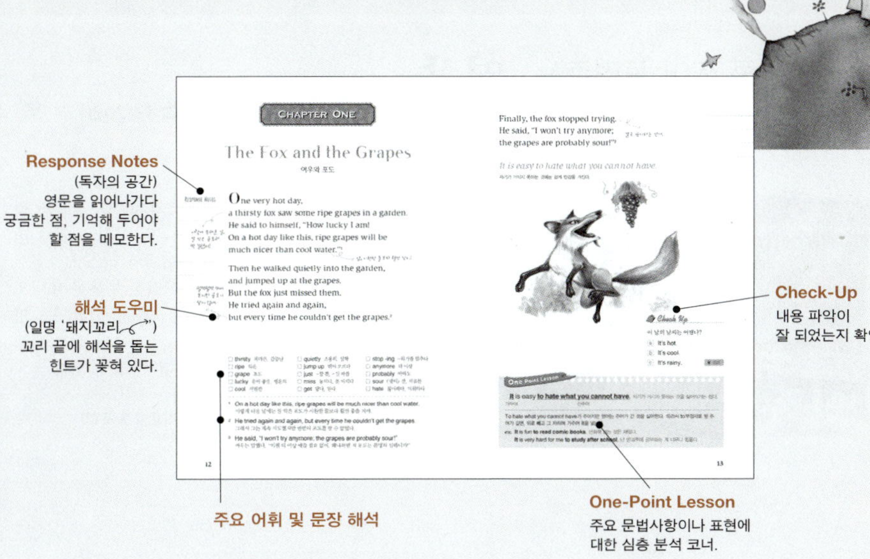

Response Notes
(독자의 공간)
영문을 읽어나가다
궁금한 점, 기억해 두어야
할 점을 메모한다.

해석 도우미
(일명 '돼지꼬리 ⌒')
꼬리 끝에 해석을 돕는
힌트가 꽂혀 있다.

주요 어휘 및 문장 해석

Check-Up
내용 파악이
잘 되었는지 확인.

One-Point Lesson
주요 문법사항이나 표현에
대한 심층 분석 코너.

✛ 실력 굳히기 ✛

실력에 맞게 효과적으로 끊어 읽으며 직독직해 훈련을 한다.

★ 영어의 맛 ★
제대로 느끼기

영문판 원서 도전을 위한
전 단계의 준비과정이다.

Grade 3 — Pre-intermediate — 600 words

21 톨스토이 단편선
22 크리스마스 캐럴
23 비밀의 화원
24 헬렌 켈러, 나의 이야기
25 베니스의 상인
26 오즈의 마법사
27 이상한 나라의 앨리스
28 로빈 후드
29 80일 간의 세계 일주
30 작은 아씨들

Grade 4 — intermediate — 800 words

31 오페라 이야기
32 오페라의 유령
33 어린 왕자*
34 돈키호테
35 안네의 일기
36 고도를 기다리며**
37 투명인간
38 오 헨리 단편선
39 레 미제라블
40 그리스 로마 신화

Grade 5 — Upper-intermediate — 1000 words

41 센스 앤 센서빌리티
42 노인과 바다
43 위대한 유산
44 셜록 홈즈 베스트
45 포 단편선
46 드라큘라
47 로미오와 줄리엣
48 주홍글씨
49 안나 카레니나
50 나에겐 꿈이 있습니다
　　─명연설문 모음

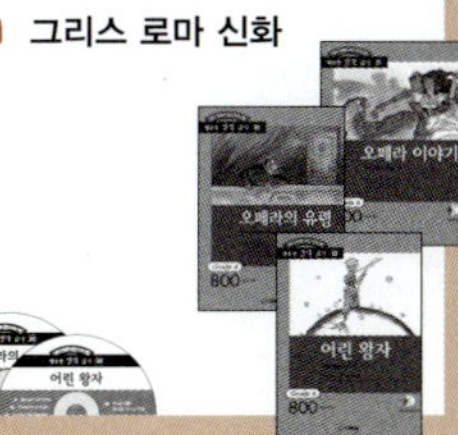

콕콕 찍어 들려주는 명작 **리스닝** 시리즈 [전20권]

세계 명작소설을 쉽게 고쳐 쓴 중·고생용 학습 교재. 독해와 함께 청취력 향상을 위해 전 내용을 녹음하고, 매 페이지에 리스닝 포인트를 두어 한국인이 듣기 어려운 부분은 또박또박한 발음으로 반복해 들려준다. 권말에는 영어듣기 테스트를 수록해, 입시에서 점점 비중이 높아지는 듣기시험에 대비하도록 했다.

- □ 각 권 4·6판/140면 내외
- □ 정가: 각 권 5,800원 (테이프 2개 포함)

① 이상한 나라의 앨리스 / 백설공주와 일곱 난쟁이
Alice's Adventures in Wonderland /
Snow White and the Seven Dwarfs

② 이솝 우화
Aesop Fables

③ 그림 동화집 / 잭과 콩나무
Grimms Fairy Tales / Jack and the Beanstalk

④ 재미있는 이야기 / 미녀와 야수
Famous Stories / Beauty and the Beast

⑤ 알라딘과 요술램프 / 이른 아침의 살인
Aladdin and the Magic Lamp / Dead in the Morning

⑥ 오즈의 마법사 / 흑마 이야기
The Wonderful Wizard of Oz / Black Beauty

⑦ 걸리버 여행기 / 쉽게 번 돈
Gulliver's Travels / Fast Money

⑧ 거울 속의 앨리스 / 정원
Through the Looking Glass / The Garden

⑨ 피터 팬
Peter Pan

⑩ 큰 바위 얼굴 / 크리스마스 선물 /
알리바바와 40인의 도적들
The Great Stone Face / The Christmas Present /
Ali Baba and the Forty Thieves

⑪ 돈키호테 / 헨리 포드 이야기
Don Quixote / Tin Lizzie

⑫ 로빈 후드 / 어느 병사의 죽음
Robin Hood / Death of a Soldier

⑬ 신문 배달 소년 / 긴 터널 / 몰리의 순례자
Newspaper Boy / The Long Tunnel / Molly Pilgrim

⑭ 언덕 위의 집 / 헤라클레스
The House on the Hill / Hercules

⑮ 우주 도시로의 여행 / 요술 정원
Journey to Universe City / The Magic Garden

⑯ 마르코 폴로 / 크리스토퍼 콜럼버스 /
올리버 트위스트
Marco Polo / Christopher Columbus / Oliver Twist

⑰ 삼총사 / 레슬러
The Three Musketeers / The Wrestler

⑱ 불의 전차
Chariots of Fire

⑲ 런던 경시청 이야기 / 아서 왕
The Story of Scotland Yard / King Arthur

⑳ 도난당한 편지 / 붉은 머리 사교회 /
트래버스 씨의 첫사냥
The Stolen Letter / The Society of Red-Headed
Men / Mr. Travers First hunt

Notes

Notes

Notes

Notes